毎日のおかず＆
おもてなしにもピッタリ！

つくりおきイタリアン

大島節子

河出書房新社

はじめに

イタリアへの短期料理留学をきっかけに、毎年イタリアに行き始めたころのこと。「さぁ、ごはんにするわよ〜」と言ってから10分もたたないうちに、テーブルにはパプリカのオイル漬け、いんげんのトマト煮、ツナのオイル漬けなど、数々の料理が並びました。滞在先のアグリツーリズモ（農業体験型宿泊施設）のキッチンには、保存食が常に用意されており、それらを上手に料理に生かしていたのです。

それまでイタリア料理を保存するという発想がなかったので、とても驚いたのを今も覚えています。そして、このときの体験をヒントにイタリア料理の保存食レシピのレパートリーが増えました。

イタリアの保存食文化を、日本の日々の食卓に合うようにアレンジを重ねてできたのが「つくりおきイタリアン」です。イタリアンならではのいろどりのよさが、食事の時間を楽しく、ほっとさせてくれます。

ぜひ気軽に作ってみてください。

大島節子

CONTENTS

- 2　はじめに
- 6　保存について
- 7　本書の構成
- 8　この本で使用した主な食材

10　Part.1　副菜

マリナート
- 12　焼きなすのマリナート
　　パプリカのマリナート
- 13　キャベツのマリナート
　　玉ねぎのマリナート
- 16　ひよこ豆のマリナート
　　白いんげん豆のマリナート
- 18　焼きかぼちゃのマリナート
　　ブロッコリーのマリナート
- 19　カポナータ
　　きのこのマリナート
- 22　魚介のマリナート
　　あじのマリナート　レモン風味

マリナートをアレンジ
- 24　かぼちゃとリコッタチーズ
　　白いんげん豆とツナのサラダ
- 25　カルパッチョ
- 26　焼きなすとトマトの冷たいパスタ
　　ブロッコリーと桜えびのパスタ
- 27　手まり寿司
- 28　きのことそぼろの混ぜごはん
　　ひよこ豆とひき肉のドライカレー
- 29　鶏肉と玉ねぎの白ワイン蒸し
　　ソーセージとキャベツの蒸し煮

オリーブオイル漬け
- 30　ドライトマトのオリーブオイル漬け
　　ミニトマトのオリーブオイル漬け
　　焼きパプリカのオリーブオイル漬け
- 31　豚肉のオリーブオイル漬け
　　えびのオリーブオイル漬け
　　いかのオリーブオイル漬け

オリーブオイル漬けをアレンジ
- 35　パプリカとツナのロール
　　ポークパテ
- 36　ドライトマトとポテトのサラダ
　　えびとアスパラ、エリンギのオリーブオイル煮
- 37　ミニトマトのオムレツ
　　えびとズッキーニのパスタ

酢漬け
- 38　カリフラワーの酢漬け　クミン風味
　　ズッキーニの酢漬け
- 39　いろいろ野菜の酢漬け
　　きゅうりの酢漬け　ディル風味

酢漬けをアレンジ
- 42　カリフラワーのサラダ
　　きゅうりのサンドイッチ
- 43　野菜の豚巻き

トルタサラータ
- 44　じゃがいものトルタサラータ
　　野菜のトルタサラータ

リピエーニ
- 46　ズッキーニのリピエーニ
　　きのこのリピエーニ

サラダ
- 48　にんじんとチーズのサラダ
　　米のサラダ
- 50　じゃがいものコロコロサラダ　ハム巻き
　　クスクスのサラダ

スープ
- 52　ひよこ豆のスープ
　　ミネストローネ
- 54　かぼちゃのスープ
　　カリフラワーのスープ

56	**Part.2　主菜**
	肉料理
58	**豚肉ロールのトマト煮**
59	アレンジ　トマトソースのパスタ
60	**豚肉とレンズ豆の煮もの**
61	アレンジ　豚肉とレンズ豆のパスタ
62	**塩豚**
	アレンジ　塩豚のソテー　サラダ菜包み
63	アレンジ　カルボナーラ
64	**豚肉と玉ねぎのとろとろ煮**
65	アレンジ　とろとろ玉ねぎのパスタ
66	アレンジ　オニオングラタンスープ
	アレンジ　ハヤシライス
67	**豚肉のツナソース**
68	**チキンカツレツ**
69	アレンジ　チキンカツレツのトマトソース焼き
70	**鶏肉ときのこのクリーム煮**
71	**鶏肉とパプリカのトマト煮**
72	**牛肉のワイン煮　こしょう風味**
73	アレンジ　牛肉とじゃがいものピリ辛煮
74	**ローストビーフ　イタリア風**
75	簡単アレンジ　ローストビーフのサンドイッチ
	魚介料理
76	**たこのトマト煮**
77	アレンジ　たこのピリ辛パスタ
78	**いわしと玉ねぎの酢漬け　ベネト風**
79	**たらのオーブン焼き**
80	**Part.3　ソース**
82	**トマトソース**
	簡単アレンジ
	ピッツァトースト／トマトココット
83	アレンジ
	イタリアンハンバーグ
84	いんげんのトマトソース煮
	鶏肉とモッツァレラのトマトソース蒸し焼き
85	なすのオーブン焼き
	トマトソースのパスタ　バジル風味

86	**ボロネーゼソース**
	簡単アレンジ　ボロネーゼの卵焼き
87	アレンジ
	ズッキーニのフリットと
	ボロネーゼソースの重ね焼き
88	アランチーニ／肉詰めミニトマト
89	ボロネーゼソースのパスタ／タコライス
90	**ベシャメルソース**
	簡単アレンジ
	ブロッコリーとミニトマトのグラタン
91	アレンジ
	えびとマカロニのクリームグラタン
92	鶏肉のホワイトシチュー
	鶏肉と里いものグラタン
93	バゲットのベシャメルオーブン焼き
	サーモンとアスパラのクリームパスタ
94	**バジルソース**
	簡単アレンジ　トマトカナッペ／
	アボカドとトマトのジェノベーゼ
95	アレンジ　ジェノバ風パスタ
	ペースト
96	焼きなすのペースト／ひよこ豆のペースト
97	そら豆のペースト／鶏レバーのペースト
98	バーニャカウダペースト／きのこのペースト
99	たらのペースト／黒オリーブのペースト
100	**Part.4　デザート**
102	**マチェドニア**
103	**栗のティラミス**
104	**ビスコッティ**
105	**オレンジのバターケーキ**
106	**桃のセミフレッド**
107	**レモンのグラニータ**
108	**ジャム2種類**
	いちごジャム
	オレンジのマーマレードジャム
110	**コンポート2種類**
	いちじくのコンポート
	ドライプルーンのコンポート

保存について

せっかく作った料理はおいしく安全に保存したいもの。
保存状態や衛生面に気をつけることが大切です。

※ 保存のポイント

○ 開け閉めが多いと酸化が進むので、小さい保存容器に入れる。小分けにすると、食べきりやすい。
○ 保存容器は、きちんと洗って乾燥させるか、清潔なふきんで水けをしっかりふきとる。
○ 金具は、酸や塩に触れると腐食するので、注意する。
○ 料理によって、食材が浮くことがあるので、気になる場合はクッキングシートやラップで落としぶたをするのがおすすめ。

※ 保存容器の選び方

つくりおきに欠かせない保存容器。保存容器を選ぶときは、保存性と使いやすさから、次のことに注意しましょう。
・密閉度が高い
・洗いやすい
・開け閉めが簡単
・重ねておける(収納しやすい)

※ 保存容器の種類

ホーロー製
落としにくいトマトなどの色落ちも洗えば落ちるので、清潔に使える。中身が見えないのでレシピ名、作った日を書いておく。電子レンジ加熱はできないが、直火にかけられる。

耐熱ガラス製
汚れが落ちやすく、中身も見えるので、保存状態を確認できて安心。耐熱温度が商品によって異なるので、きちんと確認を。

保存袋
冷蔵・冷凍用の保存袋は、ソースなど汁けのあるものの保存に便利。密閉できるので、空気に触れさせたくないときにとくにおすすめ。

本書の構成

イタリア料理は、下記のようなコース体系が基本です。
日本では一汁三菜の献立でいただくことが多いため、
本書では次の4つの章で紹介しています。

イタリア料理のコース

家庭でもレストランでも、料理を省略することもありますが、基本的に食べる順番が決まっています。

1. アンティパスト（前菜）
2. プリモ・ピアット（第一の皿）
   - パスタ、リゾット、スープなど
3. セコンド・ピアット（第二の皿）
   - 肉料理、魚料理
4. コントルノ（つけ合わせ）
   - 野菜
5. ドルチェ（デザート）

Part1 副菜 ……… p.10
マリナート、オリーブオイル漬け、酢漬け、サラダ、スープなど（イタリアンのアンティパストやプリモ・ピアット、コントルノなどに該当します）。

Part2 主菜 ……… p.56
セコンド・ピアットの肉料理、魚料理など。

Part3 ソース ……… p.80
イタリアを代表するトマトソースやボロネーゼソースなどのソース。

Part4 デザート ……… p.100

＊Part1、2、3では、それぞれの料理やソースを生かしたアレンジ料理も紹介しています。

この本のルール

- オリーブオイルはすべてエクストラバージンオリーブオイルを使用しています。揚げ油はオリーブオイルを使用しています。
- 特記のない場合は塩は自然塩、バターは有塩タイプ、砂糖は上白糖、小麦粉は薄力粉を使用しています。
- こしょうは、特記のない場合、すべて粒こしょう（黒）をミルでひいて使用しています。
- パン粉は細びきを使用しています。
- オリーブの実、ケッパーはそれぞれさっと水にくぐらせて使用します。
- 卵はMサイズ（50g）を使用しています。
- チキンブイヨンは、市販のスープのもとや自分でとったものを使用してください。
- 表示している1カップは200mℓ、計量スプーンの小さじ1は5mℓ、大さじ1は15mℓです。米は1合（＝180mℓ）です。少量は小さじ1/8ぐらいです。
- 火加減は特記のない場合、中火です。加熱時間は目安です。使用する加熱器具によって異なります。
- 電子レンジの加熱時間は600Wで使用した場合の目安です。500Wの場合は、約1.2倍にしてください。機種によって加熱具合が異なる場合があります。
- オーブンで焼く際は、表記の温度に予熱してから庫内に食材を入れてください。本書ではガスオーブンを使用しています。機種によって加熱具合が異なります。表記の時間を目安に、様子を見ながら調整してください。
- オーブントースターは1000Wで使用した場合の目安です。機種によって加熱具合が異なります。表記の時間を目安に、様子を見ながら調整してください。
- 作り方は、特記のない場合、野菜を洗う、皮をむくなどの作業をすませたあとの手順を説明しています。果物は皮ごと使う場合は、無農薬のものをおすすめします。

この本で使用した主な食材

調味料

オリーブオイル
オリーブの果実を搾ったオイル。中でもエクストラバージンオリーブオイルは化学的処理をしていないもので、酸度が0.8％以下。

トマトペースト
トマトを加熱してペースト状に濃縮したもので、トマトケチャップよりも濃厚な味わい。

バルサミコ酢
煮詰めたぶどう果汁を種類の異なる樽で熟成させた果実酢。樽で熟成させることで、独特の芳香に。

白ワインビネガー
果実酢の一種で、ワインを原料としている。穀物酢よりも酸度が高い。

いろいろ

オリーブ
地中海原産の果実。果実の色は黒や緑があり、塩漬けが流通している。そのまま食べるほか、調味料としても使う。

アンチョビー
カタクチイワシを塩漬けにした加工品。6カ月くらい漬け込むと自然発酵して独特の旨みが出てくる。

ケッパー
フウチョウボクの花のつぼみを酢漬けや塩漬けにしたもの。独特の風味と酸味があり、酢漬けはさっと洗い、塩漬けは水で塩抜きしてから使う。

マルサラ酒
シチリア州のマルサラでつくられている酒精強化ワイン。甘く芳醇な香りと味わいがあり、肉料理やデザートに使うことが多い。

豆

ひよこ豆
トルコ原産で、中東をはじめ、ヨーロッパでよく食べられている。別名ガルバンゾー。エジプト豆とも。

白いんげん豆
低脂肪、高たんぱくで種類が多い。トスカーナ地方の豆料理によく使われる。

レンズ豆
丸く扁平な形が特徴の豆。イタリア料理のほか、インド料理やフランス料理でよく使われる。

チーズ

パルミジャーノ・レッジャーノ
イタリアを代表する硬質チーズ。イタリアの法律で厳しく管理・保護されている。熟成期間は1年以上。

モッツァレラチーズ
クセがなく、独特の弾力が特徴のチーズ。水に浸した状態で売られている。

マスカルポーネチーズ
イタリア原産の脂肪分の高いクリームチーズ。特有のミルキーな甘味が特徴。

モッツァレラチーズ　セミハード

ブロック
生乳を加工したもの。加熱すると溶けやすくのびがよい。料理しやすい大きさに切り分けて使用する。

リコッタチーズ
チーズを製造する過程でできる乳清(ホエー)を再加熱して作る。脂肪分が少なく、さっぱりとした味わい。

シュレッド
上記のブロックを切り分けたもの。ピッツァなどの加熱料理に使う。ピザ用チーズを使っても。

パスタ

スパゲッティーニ
太さは直径1.6mm前後。どのようなソースとも相性抜群のロングパスタ。

タリアテッレ
細長い平打ちのパスタ。クリーム系のパスタとよく合う。フェトチーネはタリアテッレのローマでの呼び方で、やや幅広。

リングイネ
断面がスパゲッティを軽く押しつぶした楕円形。もちもちっとした食感。

ペンネ
ペン先を意味する。パスタの表面に筋が入っているものとそうでないものがある。筋が入っているものはペンネリガーテと呼ぶ。

マカロニ
穴のあいた棒状のパスタ。本書では早ゆでタイプを使用。

リガトーニ
表面に筋が入った太いマカロニ。濃厚なソースが合う。

フジッリ
糸巻きを意味する。らせん状の形に、ソースや具がよくからむ。

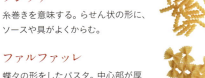

ファルファッレ
蝶々の形をしたパスタ。中心部が厚いので、芯が残らないようゆでる。

> **パスタのゆで方**
>
> **1**　たっぷりの湯を沸かして塩を入れ(水2ℓに塩20gが目安)、パスタをゆでる。
>
> **2**　袋の表示時間より1分ほど前に、1本食べ、芯が少し残っていると感じたら、火を止め手早くざるにあける。
>
> ＊ゆで汁は、パスタソースの塩分や濃度の調整用に取っておくとよい。

Part 1
副菜

マリナート、オリーブオイル漬け、酢漬けなど、つくりおきしてそのまま食べるのはもちろん、これらを活用したレシピを紹介しています。ほかに、トルタサラータ、リピエーニ、サラダやスープのつくりおきレシピもおすすめです。これらはアレンジせずに、そのままいただきます。

マリナート
Marinato

マリナートはマリネ、漬け汁に浸すことを意味するイタリア語。
酢やオリーブオイルなどに漬けることで味がよくなり、保存性もアップします。

焼きなすのマリナート
作り方 ▶p.14

パプリカのマリナート
作り方 ▶p.14

Part.1 副菜／マリナート

キャベツのマリナート
作り方▶p.15

玉ねぎのマリナート
作り方▶p.15

焼きなすのマリナート

オーブンで焼くことによって香ばしくなり、なすの味が凝縮されてよりおいしくなります。余分な水分も飛ぶので保存性も高まります。

材料（4人分）

- なす ― 3本（300g）
- オリーブオイル ― 大さじ2
- A
  - ドライオレガノ ― 小さじ1/4
  - 塩 ― 小さじ1/2
- B
  - にんにく（薄切り）― 1片分
  - オリーブオイル ― 大さじ2
  - 白ワインビネガー ― 小さじ2

1 なすは4〜5mm厚さの斜め切りにする。クッキングシートを敷いた天板に並べ、なすの表面全体にオリーブオイルをかけ、200℃のオーブンで薄く色づくまで約10分焼く。

2 熱いうちに**A**をふり、粗熱をとる。保存容器に移し、**B**を加えて混ぜる。

保存：冷蔵で5日間　※翌日以降が食べごろ。

> **つくりおきのコツ**
> 日本のなすは、イタリアのなすよりもアクが弱いので、アク抜きしなくてよい。アクが出ないように、塩は焼いた後にふること。

パプリカのマリナート

イタリア全土でよく食べられているマリナートのひとつ。前菜として食べるほか、肉料理や魚料理のつけ合わせにも。冷やしてもおいしい。

材料（4人分）

- パプリカ（赤、黄）― 各1個（300g）
- 玉ねぎ ― 1/2個（150g）
- カットトマト缶 ― 1/2缶（200g）
- にんにく（薄切り）― 1片分
- ケッパー（水でさっと洗う）― 小さじ1
- オリーブ（黒、緑・水でさっと洗う）― 各4個
- オリーブオイル ― 大さじ2 2/3
- 塩 ― 小さじ1/3
- こしょう ― 少量
- 水 ― 1/2カップ
- 白ワインビネガー ― 小さじ2

1 パプリカ、玉ねぎは横半分に切り、2cm幅に切る。

2 鍋にオリーブオイル大さじ2とにんにくを入れて弱火にかける。香りが立ったら**1**を加え、塩、こしょうをふって炒める。しんなりしたらトマト、ケッパー、分量の水を加え、ふたをして弱火で約10分煮る。白ワインビネガーを加え、さらに4〜5分煮る。粗熱をとってから保存容器に移してオリーブを散らし、残りのオリーブオイル小さじ2をかける。

保存：冷蔵で5日間　※翌日以降が食べごろ。

> **つくりおきのコツ**
> 最後のオリーブオイルは、粗熱がとれてから加えるのがよい。オリーブオイルの風味が保たれ、保存性も高まる。

キャベツのマリナート

玉ねぎとキャベツを炒めることで、自然な甘さが加わります。そのまま食べるほか、刺し身用のたこやいか、帆立などの魚介類やツナとあえてもおいしい。

材料(4人分)
- キャベツ — 1/4個(200g)
- 玉ねぎ — 1/2個(150g)
- パプリカ(黄) — 1/8個(20g)
- オリーブオイル — 大さじ2
- 塩 — 小さじ1/3
- A
  - 白ワインビネガー — 大さじ2 1/2
  - オリーブオイル — 大さじ2
  - ローリエ — 1枚

1 キャベツ、玉ねぎ、パプリカはせん切りにする。

2 フライパンにオリーブオイル大さじ1を熱し、玉ねぎを炒め、塩、キャベツ、パプリカを加えて炒める。野菜がしんなりしたら、混ぜ合わせたAを加えてひと煮立ちさせ、火を止める。粗熱をとってから保存容器に移し、残りのオリーブオイル大さじ1をかける。

保存:冷蔵で4日間
※翌日以降が食べごろ。キャベツは日がたつと色は悪くなるが食べられる。

つくりおきのコツ
最後のオリーブオイルは、粗熱がとれてから加えるのがよい。オリーブオイルの風味が保たれ、保存性も高まる。

玉ねぎのマリナート

生の玉ねぎをオリーブオイルとビネガーでマリナートするので、さっぱりとした味わい。肉料理や魚料理のつけ合わせにするとバランスがよくおすすめです。

材料(4人分)
- 玉ねぎ — 1/2個(150g)
- 塩 — 小さじ1/2
- A
  - 白ワインビネガー — 大さじ1
  - オリーブオイル — 大さじ2
  - 砂糖 — 小さじ2
  - パセリ(みじん切り) — 小さじ1

1 玉ねぎは縦半分に切り、さらに横半分に切ってから繊維に沿って2〜3mm厚さの薄切りにする。塩でもみ、5〜10分水にさらす。

2 ざるにあけ、2〜3回水をかえてぬめりをとり、キッチンペーパーで絞る。

3 ボウルにAを混ぜ合わせ、2を加えて混ぜる。

保存:冷蔵で5日間 ※翌日以降が食べごろ。

つくりおきのコツ
栄養的には水にさらさないほうがよいが、ぬめりをとったほうが食べやすくなり、保存に向く。

ひよこ豆のマリナート

乾燥ひよこ豆をふっくらとゆでてから作るので時間はかかりますが、おいしさは格別。スープなどに加えてもおいしい。

材料(4人分)
ひよこ豆(乾燥) ─ 100g
玉ねぎ(みじん切り) ─ 大さじ2
イタリアンパセリ(みじん切り) ─ 小さじ1
ドライセージ ─ 少量
塩 ─ ふたつまみ
オリーブオイル ─ 大さじ1

1 ひよこ豆はたっぷりの水で軽く洗い、たっぷりの新しい水に一晩浸す。

2 水けをきって鍋に入れる。豆より5cmくらい上のところまで水を加え、火にかける。煮立ったらアクを取り、ドライセージを加えて弱火で約50分、豆がやわらかくなるまでゆでる。

3 ざるにあけ、熱いうちに塩をふる。保存容器に入れ、玉ねぎ、オリーブオイル、パセリを加え、混ぜ合わせる。

保存:冷蔵で4日間、冷凍で2週間
※冷凍するときは、保存袋がおすすめ。

白いんげん豆のマリナート

サラダやスープに加えるだけでおいしい一品になるので、乾燥の白いんげん豆をぜひ使って。形がくずれやすいので、豆はゆですぎないように注意!

材料(4人分)
白いんげん豆(乾燥) ─ 100g
イタリアンパセリ(みじん切り) ─ 小さじ1/2
ドライセージ ─ 少量
塩 ─ 小さじ1/3
オリーブオイル ─ 大さじ3

1 いんげん豆はたっぷりの水で軽く洗い、たっぷりの新しい水に一晩浸す。

2 水けをきって鍋に入れる。豆より5cmくらい上のところまで水を加え、火にかける。煮立ったらアクを取り、ドライセージを加えて弱火で約30分、豆がやわらかくなるまでゆでる。塩を加えて混ぜ、鍋に入れたまま余熱で火を通し、粗熱をとる。

3 ざるにあけ、保存容器に入れてオリーブオイル、パセリを加え、混ぜ合わせる。

保存:冷蔵で4日間、冷凍で2週間
※冷凍するときは、保存袋がおすすめ。

Part.1 副菜／マリナート

ひよこ豆のマリナート

白いんげん豆のマリナート

焼きかぼちゃのマリナート
作り方 ▶ p.20

ブロッコリーのマリナート
作り方 ▶ p.21

Part.1 副菜 / マリナート

カポナータ
作り方 ▶ p.20

きのこのマリナート
作り方 ▶ p.21

焼きかぼちゃのマリナート

焼くことで、かぼちゃの水分が抜けて形がくずれにくくなり、保存性も高まります。
バルサミコ酢の酸味も適度に飛び、バランスのよい味わいに。

材料(4人分)

かぼちゃ — 1/4個(300g)
バルサミコ酢 — 小さじ1
タイム — 2本
オリーブオイル — 大さじ3

> **つくりおきのコツ**
> オーブンで焼いた後、天板ごとガス台の上などにおいて水分を飛ばす。水分をより飛ばすことで日持ちする。

1 かぼちゃは種とワタを除き、ラップで包んで電子レンジで2分加熱し、4〜5mm厚さに切る。

2 クッキングシートを敷いた天板に**1**を並べ、バルサミコ酢をかけて、200℃のオーブンで約8分焼く。熱いうちにタイムを散らす。

3 粗熱がとれたら浅めの保存容器に移し、オリーブオイルを回しかける。

保存：冷蔵で4日間　※翌日以降が食べごろ。

カポナータ

イタリア・シチリアのカポナータは揚げたなすがたっぷり入っています。
なすを揚げずにオーブンで焼くことで、余分な油を吸わずヘルシーです。

材料(4人分)

なす — 3本(300g)
ズッキーニ — 1本(200g)
玉ねぎ — 2個(600g)
パプリカ(黄、赤) — 各1個(300g)
カットトマト缶 — 1/2缶(200g)
にんにく(みじん切り) — 1片分
ケッパー(水でさっと洗う) — 小さじ2
オリーブオイル — 大さじ2 2/3
塩 — 小さじ1/3
A ｜ 白ワインビネガー — 80ml
　　｜ 砂糖 — 小さじ1

1 なすとズッキーニは8mm厚さの斜め切りにする。玉ねぎ、パプリカはひと口大に切る。

2 天板にオリーブオイル大さじ1をのばしてなすとズッキーニを並べ、残りのオリーブオイル小さじ2をかける。190℃のオーブンで約10分焼き、熱いうちに塩をふる。

3 フライパンに残りのオリーブオイル大さじ1とにんにくを入れて弱火にかけ、香りが立ったら玉ねぎ、パプリカの順に炒める。野菜がしんなりしたら、混ぜ合わせた**A**、**2**、トマト、ケッパーを加えて約15分煮る。

保存：冷蔵で1週間　※翌日以降が食べごろ。

> **つくりおきのコツ**
> 揚げる場合は、油を多く使用するが、オーブンで焼くので少量ですむ。

きのこのマリナート

旨みで味に奥行きが出るので、きのこは3種類以上入れるとよいでしょう。
炒めることで香ばしく仕上がるだけでなく、水分が飛んで保存性もアップ。

材料(4人分)
きのこ(しめじ、エリンギ、生しいたけなど)
　—— 合計300g
にんにく(薄切り) —— 1片分
赤唐辛子(種を除いて3等分) —— 1/2本分
オリーブオイル —— 大さじ2 1/3
塩 —— 小さじ1/3
こしょう —— 少量
ローリエ —— 1枚
タイム —— 1本

1 きのこは石突きや軸を取り除き、食べやすい大きさに切る。

2 フライパンにオリーブオイル大さじ2、にんにくと赤唐辛子を入れて弱火にかける。香りが立ったら、にんにくと赤唐辛子を取り出し、**1**を入れて5〜6分炒め、塩、こしょうをふる。焼き色がついたら火を止めて、ローリエ、タイムを加え、粗熱をとる。

3 保存容器に移し、**2**で取り出したにんにく、赤唐辛子を加え、残りのオリーブオイル小さじ1を回しかける。

保存：冷蔵で3日間

> **つくりおきのコツ**
> えのきだけは水分が多いので不向き。きのこが完全に浸るようにオリーブオイルを加えれば冷蔵で2週間保存可能。

ブロッコリーのマリナート

にんにくと赤唐辛子をきかせています。サラダに入れてもおいしい。
ブロッコリーはゆで上がって熱いうちに塩をふると、味が入りやすいです。

材料(4人分)
ブロッコリー —— 1株(200g)
にんにく(みじん切り) —— 2片分
赤唐辛子(種を除いて小口切り) —— 1/2本分
塩 —— 適量
オリーブオイル —— 大さじ2

1 ブロッコリーは小房に分けて、約2分かために塩ゆでする。ざるにあけ、熱いうちに塩小さじ1/4をふる。

2 フライパンにオリーブオイルとにんにく、赤唐辛子を入れて弱火にかけ、**1**を加えてさっと炒める。

保存：冷蔵で4日間

> **つくりおきのコツ**
> にんにくや赤唐辛子をきかせることで、保存性が高まる。

魚介のマリナート

あじのマリナート　レモン風味

Part.1 副菜 / マリナート

魚介のマリナート

魚介は鯛、いか、たこ、サーモンがおすすめ。生のままだと日持ちしない魚も
マリナートにすれば保存可能。たこはセロリのスライスと一緒につけるとさらに◎。

材料(4人分)
魚介(刺し身用切り身・鯛、いか、たこ、サーモンなど)
　— 150g
塩 — 小さじ1/4
オリーブオイル — 大さじ2

1 浅めの保存容器に塩とオリーブオイル大さじ1を混ぜ合わせ、魚介を並べて入れる。上から残りのオリーブオイル大さじ1を回しかける。

＊刺し身用ゆでだこを使うときは、すでに塩味がついているので塩はふらなくてよい。

保存:冷蔵で3日間

> **つくりおきのコツ**
> 数種類の魚介で作るときは、1種類ごとに保存容器をかえて。魚介がオリーブオイルに完全に浸る必要はないが、容器を少し傾けたとき、全体にオリーブオイルが行きわたるくらいが目安。

あじのマリナート　レモン風味

あじにたっぷりのレモンをのせてさわやかな味わいに仕上げました。
手に入りやすい身近な魚を使って。

材料(4人分)
あじ(下処理ずみのもの) — 2尾分(160g)
玉ねぎ — 小1/4個(60g)
レモン — 1/2個
塩 — 小さじ1(魚の重量の3％)
タイム — 1本
A ┃ 白ワインビネガー — 大さじ2
　 ┃ オリーブオイル — 大さじ1 1/2

1 バットに塩小さじ1/2をふり、あじをのせる。残りの塩小さじ1/2をふり、ラップをかけて10分おく。あじを流水で軽く洗い、キッチンペーパーで包んで水けをとる。ひと口大のそぎ切りにする。

2 玉ねぎは1〜2mm厚さの薄切り、レモンは薄い半月切りにする。

3 浅めの保存容器に**1**のあじを並べ、玉ねぎ、レモン、タイムの順にのせ、混ぜ合わせた**A**をかける。

保存:冷蔵で3日間　※30分以降が食べごろ。

> **つくりおきのコツ**
> たっぷりのレモンであじを覆うことで、くさみがとれる。

Arrange
焼きかぼちゃのマリナートを**アレンジ**

かぼちゃと
リコッタチーズ

脂肪分と酸味が少ないリコッタチーズで
さっぱりとした味わい。シナモンシュガーがアクセント。

材料(2人分)

焼きかぼちゃのマリナート(p.20参照)
　　— 80g
リコッタチーズ — 60g
シナモンシュガー — 小さじ1/4
＊シナモンパウダーとグラニュー糖を1:1の割合
　で混ぜ合わせたもの。

1 器に焼きかぼちゃのマリナートを並べ、リコッタチーズをのせ、シナモンシュガーをふる。

Arrange
白いんげん豆のマリナートを**アレンジ**

白いんげん豆と
ツナのサラダ

豆をよく食べるトスカーナ州の代表的な豆料理。
赤玉ねぎを合わせていろどりよく!

材料(2人分)

白いんげん豆のマリナート(p.16参照)
　　— 80g
赤玉ねぎ — 1/8個(35g)
ツナ缶(油漬けタイプ) — 1/2缶(35g)
ミニトマト — 4個
イタリアンパセリ(みじん切り) — 小さじ1
塩 — 小さじ1/4
A ┃ オリーブオイル — 小さじ1
　　┃ 白ワインビネガー — 小さじ2
こしょう — 小さじ1/4

1 玉ねぎは縦半分に切ってから薄切りにする。塩でもんで5〜10分おき、洗ってキッチンペーパーで絞る。

2 ボウルに白いんげん豆のマリナート、**1**、缶汁をきったツナ、パセリを混ぜ合わせる。

3 混ぜ合わせた**A**、4つ割りにしたミニトマトを加えて混ぜ、こしょうをふる。

Part.1 副菜／マリナート

Arrange 魚介のマリナートをアレンジ

カルパッチョ

魚介のマリナートにレモン汁をあえるだけで味つけはOK！
カルパッチョには、鯛のほか、たこ、サーモンもおすすめです。

材料（2人分）

魚介のマリナート（p.23参照） ― 100g
※上記の写真は鯛のマリナートを使用。
ベビーリーフ ― 1袋（40g）
セルフィーユ、ディル（ちぎる） ― 各1本分
レモン汁 ― 大さじ1
こしょう ― 小さじ1/4
オリーブオイル ― 小さじ1/2
レモン（いちょう切り） ― 薄切り2枚分

1 魚介のマリナートは厚手のキッチンペーパーで包んで余分なオイルをとる。ボウルに入れてレモン汁であえる。

2 器に**1**の魚介、ベビーリーフを盛りつけ、こしょうをふる。オリーブオイルを回しかけ、セルフィーユ、ディルを散らし、レモンを飾る。

Arrange
焼きなすのマリナートを*アレンジ*

焼きなすとトマトの冷たいパスタ

パスタは水にさらすと、しまります。
袋の表示時間より長めに、やわらかくゆでるのがコツ！

材料(2人分)
焼きなすのマリナート(p.14参照)
　　— 2本分
生ハム — 3枚(約20g)
ミディトマト — 2個(100g)
オリーブオイル — 大さじ1 1/3
パスタ(スパゲッティーニ) — 160g
塩 — 適量
こしょう — 少量
イタリアンパセリ(みじん切り) — 小さじ1

1 パスタは、塩を入れたたっぷりの湯でゆでる(p.9参照)。流水で粗熱をとり、水を張ったボウルに入れて冷やす。ざるにあけ、塩ふたつまみをふる。

2 焼きなすのマリナート、生ハム、トマトはひと口大に切る。

3 ボウルにオリーブオイル大さじ1、**2**の焼きなすのマリナートとトマトを入れ、**1**のパスタを加えて混ぜ合わせ、塩少量、こしょうで調味する。

4 皿に盛り、**2**の生ハムをのせてパセリを散らし、残りのオリーブオイル小さじ1を回しかける。

Arrange
ブロッコリーのマリナートを*アレンジ*

ブロッコリーと桜えびのパスタ

マリナートは、にんにくと赤唐辛子、オリーブオイル入りなので、桜えびをさっと炒め合わせるだけで完成します。

材料(2人分)
ブロッコリーのマリナート(p.21参照)
　　— 100g
桜えび(乾燥) — 15g
パスタ(フジッリ) — 160g
塩 — 適量
こしょう — 少量

1 パスタは、塩を入れたたっぷりの湯でゆでる(p.9参照)。

2 フライパンにブロッコリーのマリナートをオイルごと(オイル大さじ1くらい)入れ、桜えびも加えて炒める。

3 ゆで上がったパスタを加えて混ぜ、こしょうをふる。

Part.1 副菜／マリナート

Arrange 魚介のマリナート＆あじのマリナートをアレンジ

手まり寿司

ひと口サイズのかわいいお寿司。マリナートを使うので、味つけはすし酢のみでOK！
好みで飾り塩をつけて食べても！

材料(2人分)

魚介のマリナート(p.23参照・鯛、たこ、サーモン)、
　あじのマリナート(p.23参照) ― 各2切れ
温かいごはん ― 160g
すし酢 ― 小さじ1
セルフィーユ(ちぎる) ― 1本分
ケッパー(水でさっと洗う) ― 2個
レモン(いちょう切り) ― 2切れ
塩 ― 小さじ1/4

1　ごはんにすし酢を混ぜ、8等分にする。

2　ラップを広げてたこのマリナートをおき、**1**のすし飯をのせ、ラップを絞るようにして形をととのえる。同様にラップを広げてセルフィーユと鯛のマリナート、ケッパーとサーモンのマリナート、レモンとあじのマリナートを重ね、**1**のすし飯をそれぞれのせ、ラップを絞るようにして形をととのえる。

3　冷蔵庫で約10分休ませてからラップを取り、器に盛り、塩を飾る。

Arrange きのこのマリナートをアレンジ

きのことそぼろの混ぜごはん

炊いたごはんに、きのこのマリナートを混ぜるだけ！
そぼろなしでもおいしい！

材料（2人分）

- きのこのマリナート（p.21参照） — 200g
- 鶏ももひき肉 — 80g
- 温かいごはん（五穀米入り） — 300g
- 塩 — 小さじ1/3
- しょうゆ — 小さじ1
- ブロッコリー（塩ゆで） — 4房

1 きのこのマリナートをざるにあける（オイルはこして、炒め油として使用する）。

2 フライパンに**1**のオイルを熱し、ひき肉を炒めて塩をふり、肉が白くなったら**1**のきのこを加える。しょうゆを鍋肌から回し入れ、火を止める。

3 ごはんと混ぜあわせて器に盛り、ブロッコリーをのせる。

Arrange ひよこ豆のマリナートをアレンジ

ひよこ豆とひき肉のドライカレー

ひよこ豆とバランスがよい雑穀入りごはん。
ひよこ豆のおいしさが引き立っています。

材料（2人分）

- ひよこ豆のマリナート（p.16参照） — 80g
- 合いびき肉 — 80g
- 玉ねぎ — 小1/3個（80g）
- にんにく（みじん切り） — 1片分
- ホールトマト缶 — 1/2缶（200g）
- 温かいごはん（雑穀入り） — 300g
- オリーブオイル — 大さじ1
- 塩 — 小さじ1/4
- カレー粉 — 大さじ1
- バジル — 適量

1 玉ねぎは粗みじんに切る。

2 鍋にオリーブオイルとにんにくを入れて弱火にかけ、香りが立ったら玉ねぎを加えて塩をふる。玉ねぎがしんなりしたら鍋の片側に寄せて、ひき肉を加えて炒める。

3 ひよこ豆のマリナートとつぶしたトマト、カレー粉を加え、約15分煮る。

4 ごはんとともに盛り、バジルをちぎって散らし、添える。

Part.1 副菜 / マリナート

Arrange
玉ねぎのマリナートをアレンジ

鶏肉と玉ねぎの白ワイン蒸し

できたてはもちろん冷やしてもおいしい。
冷蔵で5日保存できるのもうれしい。

材料(2人分)
- 玉ねぎのマリナート(p.15参照) ― 80g
- 鶏むね肉(皮なし) ― 1枚(200g)
- にんにく(薄切り) ― 1片分
- オリーブ(黒、緑・種なし・水でさっと洗う)
   ― 各4個
- 塩 ― 小さじ1
- オリーブオイル ― 小さじ2
- 白ワイン ― 大さじ3
- こしょう ― 少量
- レモン(半月切り) ― 薄切り4枚分
- イタリアンパセリ ― 適量

1 鶏肉は塩小さじ1/2をまぶして室温にもどす。使う前に水けをふきとり、筋に切り込みを入れ、8枚のそぎ切りにする。オリーブは半分に切る。

2 フライパンにオリーブオイルとにんにくを入れて弱火にかける。香りが立ったらにんにくを取り出し、鶏肉を入れ、中火で1〜2分焼いて返し、残りの塩小さじ1/2とこしょうをふって約1分焼く。白ワインを回しかけてひと煮立ちさせる。

3 オリーブ、玉ねぎのマリナートを加え、ふたをして2〜3分煮る。

4 器にレモンをのせて3を盛り、パセリを飾る。

Arrange
キャベツのマリナートをアレンジ

ソーセージとキャベツの蒸し煮

ザワークラウトとソーセージのおいしい組み合わせをイメージしました。あればライ麦パンを添えて。

材料(2人分)
- キャベツのマリナート(p.15参照) ― 150g
- ソーセージ(15cm長さ) ― 2本
- 水 ― 大さじ2
- 粒マスタード ― 小さじ2

1 フライパンにソーセージ、キャベツのマリナートを入れ、周りに分量の水を回しかけ、ふたをして弱火で5〜6分蒸し煮にする。

2 器に盛り、粒マスタードを添える。

オリーブオイル漬け
Sott'olio

肉や魚、野菜などを調理してエクストラバージンオリーブオイルに漬け込むと日持ちがします。漬けておいたオイルにも香りが移るので、炒め油として使えます。

ドライトマトの
オリーブオイル漬け
作り方 ▶ p.32

ミニトマトの
オリーブオイル漬け
作り方 ▶ p.32

焼きパプリカのオリーブオイル漬け
作り方 ▶ p.33

Part.1／副菜／オリーブオイル漬け

えびのオリーブオイル漬け
作り方 ▶p.34

豚肉のオリーブオイル漬け
作り方 ▶p.33

いかのオリーブオイル漬け
作り方 ▶p.34

ミニトマトのオリーブオイル漬け

加熱することで甘味が増しておいしい。サラダやパスタに入れるなどのほか、お弁当のおかずにも◎。モッツァレラチーズと一緒にピックに刺せばおつまみに。

材料(4人分)
ミニトマト —— 16個
にんにく(薄切り) —— 2片分
オリーブオイル —— 1カップ
塩 —— 小さじ1/2
粒こしょう(黒) —— 4粒

つくりおきのコツ
ミニトマトはヘタを取ってから洗うと、水っぽくなるだけでなく、油はねしやすいので、洗ってからヘタを取ること。余熱で火が通るので、煮すぎないように。

1 ミニトマトは洗ってヘタを取り、水けをキッチンペーパーでよくとる。

2 フライパンに1、にんにくを入れ、オリーブオイルを浸るくらいに注ぐ。塩を加えてごく弱火で約3分煮る。オイルの表面がふつふつしてきたら、粒こしょうを加えて火を止める。そのまま余熱で火を通す。冷めたら保存容器に移す。

保存：冷蔵で2週間
※ミニトマトがオリーブオイルに完全に浸かっている状態。

ドライトマトのオリーブオイル漬け

そのままでおつまみに！ ブルスケッタにもおすすめです。
しっかりとした旨みがあるので、調味料がわりにも使えます。

材料(4人分)
ドライトマト 50g
水 —— 2カップ
A ‖ 酢、塩 —— 各小さじ1
塩 —— 少量
オリーブオイル —— 1/2カップ
B ‖ ローリエ —— 1枚
　　ドライバジル —— 小さじ1
　　赤唐辛子(種を除いて2等分) —— 1本分
　　にんにく(薄切り) —— 1片分

1 鍋に分量の水を入れて湯を沸かし、Aを加えて弱火にかける。ひと煮立ちしたらドライトマトを加えて火を止め、約10分おく。ざるにあけて塩をふる。

2 保存容器にオリーブオイル1/4カップを入れ、Bを加えて混ぜる。1のトマトを加え、残りのオリーブオイル1/4カップを注ぐ。

保存：冷蔵で6カ月
※ドライトマトがオリーブオイルに完全に浸かっている状態。

オリーブオイル漬けは冷蔵するとオイルがかたまるので、食べる少し前に室温にもどしておきましょう。食べる分を取り出したらすぐに冷蔵庫で保存します。

Part.1 副菜 / オリーブオイル漬け

焼きパプリカのオリーブオイル漬け

パプリカは焼くと甘味が増します。皮が焦げるまで焼き、皮をむきます。
皮をむくと、オリーブオイルがよくなじみ、食感もなめらかでおいしい。

材料（4人分）
パプリカ（赤、黄） — 各4個（600g）
ローリエ — 1枚
塩 — 小さじ1/4
オリーブオイル — 2/3カップ

つくりおきのコツ
焼くことで水分が抜け、保存性が高まる。

1 天板にパプリカを並べ、180℃のオーブンで25分焼く。粗熱がとれたら皮と種を取り除き、3cm幅に切る。
＊紙袋の中で皮と種を取り除くと、ごみの処理が簡単。

2 保存容器に**1**のパプリカ、塩、ローリエを入れ、オリーブオイルを注ぐ。

保存：冷蔵で3週間
※パプリカがオリーブオイルに完全に浸かっている状態。

豚肉のオリーブオイル漬け

ラードに漬けて保存するイタリアの郷土料理の調理方法を工夫しています。
豚肉を煮たオリーブオイルは炒めものに使えます。

材料（4人分）
豚肩ロース肉 — 300g
塩 — 小さじ1
A ┃ 白ワイン — 80mℓ
　 ┃ 水 — 120mℓ
オリーブオイル — 1 1/2カップ
B ┃ ローリエ — 1枚
　 ┃ タイム — 1本
　 ┃ 粒こしょう（黒、赤） — 各4粒

つくりおきのコツ
調理後に新しいオリーブオイルで漬けることで、風味もよくなり、保存性もアップ。

1 豚肉に塩をまぶし、室温に約30分もどして6等分に切る。

2 鍋にAをひと煮立ちさせ、**1**の豚肉を加える。ひと煮立ちさせてアクを取り、オリーブオイル1/2カップを注ぎ、クッキングシートで落としぶたをして、ごく弱火で肉がやわらかくなるまで約50分煮る。そのまま冷ます。

3 豚肉だけを保存容器に移し、Bを加え、新たに残りのオリーブオイル1カップを豚肉が浸るまで注ぐ。

保存：冷蔵で10日間
※豚肉がオリーブオイルに完全に浸かっている状態。

えびのオリーブオイル漬け

えびを炒めてオリーブオイルに漬けるだけ。えびの濃厚な旨みがオリーブオイルに溶け出てオイルもおいしい。オイルを炒め油にしても。

材料(4人分)
小えび — 300g(殻つき)
にんにく(粗いみじん切り) — 4片分
イタリアンパセリ(みじん切り) — 小さじ1
赤唐辛子(種を除いて4等分) — 1本分
タイム — 4本
塩 — 小さじ$1/2$
オリーブオイル — 大さじ1+$1\frac{1}{2}$カップ

1 えびは殻、ワタを除き、水にくぐらせて塩をまぶす。キッチンペーパーに包んで水けをとる。

2 フライパンにオリーブオイル大さじ1を熱し、**1**のえび、パセリを加えて炒める。にんにくと赤唐辛子、タイムを加え、えびが赤くなるまで2〜3分炒める。

3 保存容器に移し、粗熱がとれたら残りのオリーブオイル$1\frac{1}{2}$カップを注ぐ。

保存:冷蔵で10日間
※えびがオリーブオイルに完全に浸かっている状態。

いかのオリーブオイル漬け

いかを手早く炒めて水分を飛ばしてからオリーブオイルに漬けます。オリーブオイルに漬けることで旨みの強いいかがより一層おいしくなります。

材料(4人分)
やりいか(またはするめいか) — 1ぱい(250g)
にんにく(薄切り) — 1片分
赤唐辛子(種を除いて3等分) — $1/3$本分
タイム — 2本
ローリエ — 1枚
粒こしょう(黒) — 4粒
しょうゆ — 小さじ$1/4$
オリーブオイル — 大さじ$1\frac{1}{2}$+1カップ

下準備
いかは胴と内臓のつなぎ目を指ではずしながら、足を持って静かにワタを引き抜く。軟骨は除いてえんぺらを取り、皮をむく。胴は1cm厚さの輪切りにし、ほかはひと口大に切る。キッチンペーパーで包んで水けをとる。

1 フライパンにオリーブオイル大さじ$1\frac{1}{2}$、にんにく、赤唐辛子を入れて弱火にかける。香りが立ったらにんにくと唐辛子を取り出し、いかの両面をさっと焼く。しょうゆ、タイムを加えて火を止める。いか、タイムを取り出して冷ます。

2 保存容器にいかを入れ、**1**で取り出したにんにくと赤唐辛子とタイム、ローリエ、粒こしょうを加え、いかが浸かるくらい残りのオリーブオイル1カップを注ぐ。

保存:冷蔵で10日間
※いかがオリーブオイルに完全に浸かっている状態。

Part.1 副菜 / オリーブオイル漬け

Arrange 焼きパプリカの
オリーブオイル漬けを*アレンジ*

パプリカと
ツナのロール

パプリカのオリーブオイル漬けにツナをのせて巻くだけ。
ひと口サイズのおしゃれな前菜。

材料(2人分)
焼きパプリカのオリーブオイル漬け
　(p.33参照) — 4枚分
ツナ缶(油漬けタイプ) — 1/2缶(35g)
ケッパー(水でさっと洗う) — 小さじ1
塩 — 小さじ1/4

1 パプリカのオリーブオイル漬けを広げて塩をふり、油をきったツナとケッパー2/3量をのせて巻き、ピックでとめる。残りのケッパーを飾る。

Arrange 豚肉の
オリーブオイル漬けを*アレンジ*

ポークパテ

肉の味わいを残すため、ぼそぼそした食感に仕上げています。
パンに塗るほか、スープに入れても。

材料(2人分)
豚肉のオリーブオイル漬け(p.33参照)
　— 100g
ローズマリー(あれば) — 2本
粒こしょう(ピンク・あれば) — 4粒

1 ローズマリーはやわらかい葉先を刻み、小さじ1/2を飾り用に取っておく。

2 フードプロセッサーで豚肉のオリーブオイル漬け、**1**を攪拌する。器に盛り、残りのローズマリー、粒こしょうを飾る。

Arrange ドライトマトの
オリーブオイル漬けを*アレンジ*

ドライトマトと
ポテトのサラダ

濃厚な旨みのドライトマトは、じゃがいもやカリフラワー、ブロッコリーなどのゆで野菜と合わせるだけでおいしい！

材料(2人分)
ドライトマトのオリーブオイル漬け(p.32参照)
　— 1枚
ドライトマトのオリーブオイル漬けのオイル
　— 大さじ1
じゃがいも — 2個(300g)
赤玉ねぎ — 1/6個(50g)
ケッパー(水でさっと洗う) — 小さじ1/2
イタリアンパセリ(みじん切り) — 小さじ1
塩 — 小さじ1/2

1 じゃがいもはひと口大に切り、ゆでてざるにあける。熱いうちに塩小さじ1/4をふり、冷ます。

2 ドライトマトのオリーブオイル漬けは粗みじんに切る。玉ねぎは薄切りにし、残りの塩小さじ1/4をまぶして5〜10分おく。水にさらし、キッチンペーパーで絞る。

3 ボウルに、**1**、**2**とケッパー、オイルを混ぜ合わせ、パセリを散らす。

Arrange えびのオリーブオイル漬けを*アレンジ*

えびとアスパラ、
エリンギのオリーブオイル煮

えびと香草の味や香りが移ったオリーブオイルで
野菜やきのこを煮ると絶品です。

材料(2人分)
えびのオリーブオイル漬け(p.34参照) — 4尾
えびのオリーブオイル漬けのオイル
　— 1カップ
グリーンアスパラガス — 4本(70g)
エリンギ — 2本(100g)
にんにく(薄切り) — 2片分
赤唐辛子(種を除いて4等分) — 1/3本

1 アスパラガスは根元のかたい部分を除き、皮をピーラーでむき、4等分の斜め切りにする。

2 エリンギは半分の長さに切り、5mm厚さに切る。

3 小鍋を2つ用意し、それぞれにオイルとにんにく、赤唐辛子を半量ずつ入れて弱火にかける。香りが立ったら、それぞれに**1**のアスパラガス、**2**のエリンギを加えて弱火で約2分煮る。えびのオリーブオイル漬けのえびをそれぞれに半量ずつ加える。

Part.1 副菜／オリーブオイル漬け

Arrange ミニトマトの
オリーブオイル漬けを**アレンジ**

ミニトマトの
オムレツ

フリッタータと呼ばれるイタリア料理のひとつ。
おかずとしてはもちろん、おつまみにもおすすめです。

材料(2人分)

ミニトマトのオリーブオイル漬け(p.32参照)
　　— 6個
ミニトマトのオリーブオイル漬けのオイル
　　— 小さじ2
卵 — 3個
A｜塩 — 小さじ1/4
　｜イタリアンパセリ(みじん切り) — 小さじ1/2
　｜パルミジャーノ・レッジャーノ(すりおろし)
　　— 小さじ2

1　ボウルに卵を溶きほぐし、**A**、ミニトマトのオリーブオイル漬けを加えて混ぜ合わせる。

2　小さめのフライパンにオイルを熱し、**1**を流し入れる。菜箸で大きく混ぜ合わせ、卵がほぼかたまったらごく弱火にしてふたをする。1〜2分たったら、皿などにスライドさせて裏返し、約1分焼く。

Arrange えびのオリーブオイル漬けを**アレンジ**

えびと
ズッキーニのパスタ

えびとズッキーニはイタリア料理定番の組み合わせ。
蝶々の形のパスタで軽やかなイメージに。

材料(2人分)

えびのオリーブオイル漬け(p.34参照) — 8尾
えびのオリーブオイル漬けのオイル
　　— 大さじ3
ズッキーニ — 1本(200g)
パスタ(ファルファッレ) — 160g
塩 — 適量
こしょう — 少量

1　ズッキーニは2mm厚さの半月切りにする。

2　パスタは、塩を入れたたっぷりの湯でゆでる(p.9参照)。

3　フライパンにオイルを熱し、ズッキーニを炒める。しんなりしたら、えびのオリーブオイル漬けのえびを加えてさっと温める。

4　ゆで上がったパスタを加えて混ぜ、こしょうをふる。

酢漬け
Sott'aceto

アチェート(aceto)は酢のことで、酢漬けはいわゆるピクルス。
保存性が高く、つくりおきにぴったり。箸休めにも、サラダに入れてもおいしい。

カリフラワーの酢漬け
クミン風味
作り方 ▶ p.40

ズッキーニの酢漬け
作り方 ▶ p.40

Part.1 副菜／酢漬け

いろいろ野菜の酢漬け
作り方▶p.41

きゅうりの酢漬け　ディル風味
作り方▶p.41

ズッキーニの酢漬け

ズッキーニは天日干しをイメージして、オーブントースターで焼きました。水分を飛ばすと野菜の味が濃くなり、干した野菜のような旨みが出ます。

材料(4人分)
ズッキーニ ― 1本(200g)
塩 ― 小さじ1/4
A│白ワインビネガー ― 大さじ4
 │水 ― 1カップ
 │粒こしょう(ピンク、黒) ― 各4粒
にんにく(薄切り) ― 1片分
赤唐辛子(種を除いて小口切り) ― 1/6本分

つくりおきのコツ
ズッキーニをオーブントースターで焼くことで水分が飛び、保存性が高まる。

1 ズッキーニを4～5mm厚さの輪切りにして、塩をまぶし20分おく。キッチンペーパーで絞る。

2 オーブントースターで、7～8分軽く色づくまで焼き、粗熱をとる。

3 鍋にAをひと煮立ちさせて火を止め、そのまま冷ます。

4 保存容器にズッキーニ、にんにく、赤唐辛子を入れ、**3**を注ぐ。

保存:冷蔵で1週間
※翌日以降が食べごろ。

カリフラワーの酢漬け　クミン風味

イタリア料理の酢漬けによく使われるクミンは、カレーにも入っている香辛料。クセがありますが、カリフラワーによく合います。

材料(4人分)
カリフラワー ― 1/2株(200g)
塩 ― 適量
A│白ワインビネガー ― 大さじ4
 │水 ― 1カップ
 │砂糖 ― 小さじ2
 │塩 ― 小さじ1/4
 │クミンシード ― 小さじ1/3
 │ ＊クミンシードがなければ、
 │ クミンパウダー小さじ1/8で代用する。
 │ローリエ ― 1枚
 │粒こしょう(白) ― 5粒
にんにく(薄切り) ― 1/2片分
赤唐辛子(種を除いて小口切り) ― 1/6本分

1 カリフラワーは小房に分け、2～3分ややかために塩ゆでしてざるにあける。

2 鍋にAをひと煮立ちさせて火を止め、そのまま冷ます。

3 保存容器にカリフラワー、にんにく、赤唐辛子を入れ、**2**を注ぐ。

保存:冷蔵で1週間
※翌日以降が食べごろ。

つくりおきのコツ
クミンの香りが効いているので、ほかの野菜と分けて漬けるほうがよい。

Part.1 副菜／酢漬け

きゅうりの酢漬け　ディル風味

きゅうりにはディルのさわやかな風味がよく合います。
刻んで、ゆで卵、マスタードと混ぜれば、自家製タルタルソースに。

材料(4人分)

きゅうり ― 2本(180g)
塩 ― 小さじ1/2
A ｜ 水 ― 180㎖
　｜ 白ワインビネガー ― 大さじ4
　｜ 砂糖 ― 小さじ1
　｜ 塩 ― 小さじ1/2
　｜ 粒こしょう(黒) ― 4粒
ディル ― 1本
＊ディルはフレッシュなものがよいが、なければ
　ドライディルウィード小さじ1/2で代用する。

1 鍋にAをひと煮立ちさせて火を止め、そのまま冷まします。

2 きゅうりは塩をまぶして板ずりし、1分ゆでて冷水にとる。水けをきり、半分の長さに切る。

3 保存容器にきゅうり、ディルを入れて1を注ぐ。

保存：冷蔵で1週間
※2日目以降が食べごろ。

つくりおきのコツ

きゅうりをゆでてから漬けることで日持ちがよくなる。円筒形、角型、棒状などいろいろな切り方にすると、漬かり具合に差が出て、好みや用途別に使いやすいのでおすすめ。

いろいろ野菜の酢漬け

野菜は3種以上がおすすめ。香りがよいセロリ、甘さのあるにんじんはぜひ入れましょう。
酸味が控えめなので、サラダ感覚で召し上がれ。

材料(4人分)

カリフラワー ― 1/4株(100g)
にんじん ― 1本(80g)
セロリ ― 1/2本(80g)
パプリカ(赤、黄) ― 各1/2個(150g)
塩 ― 適量
A ｜ 白ワインビネガー ― 80㎖
　｜ 水 ― 1カップ
　｜ 塩 ― ひとつまみ
　｜ 粒こしょう(黒) ― 4粒
　｜ ローリエ ― 2枚
　｜ 砂糖 ― 大さじ1

1 カリフラワーは小房に分ける。にんじんの半量、セロリ、パプリカは4㎝長さの棒状に切る。残りのにんじんは5㎜厚さの輪切りにし、花型で抜く。

2 1の野菜は1〜2分塩ゆでする。

3 鍋にAをひと煮立ちさせて砂糖が溶けたら火を止め、そのまま冷ます。

4 保存容器に2の野菜を入れ、3を注ぐ。

保存：冷蔵で2週間
※翌日以降が食べごろ。

41

Arrange カリフラワーの酢漬けをアレンジ

カリフラワーのサラダ

ナポリ地方の郷土料理「リンフォルツォ」サラダ。
来客にさっと出せる「援軍」という意味のお助け料理です。

材料（2人分）
カリフラワーの酢漬け（p.40参照）
　― 120g
パプリカ（赤、黄）― 各1/8個（各40g）
アンチョビー ― 1枚
A ┃ ケッパー（水でさっと洗う）― 小さじ1/2
　┃ オリーブ（黒、緑）― 各4個
　┃ オリーブオイル ― 小さじ1
オリーブオイル ― 小さじ1/3
イタリアンパセリ（ちぎる）― 1本分

1　パプリカは1cm幅に切り、オーブントースターで約5分焼く。途中3分たったら、アンチョビーを耐熱容器に入れ、パプリカと一緒に1～2分焼く。

2　カリフラワーの酢漬け、**1**のパプリカとアンチョビー、混ぜ合わせた**A**をあえる。

3　器に盛ってオリーブオイルを回しかけ、パセリを飾る。

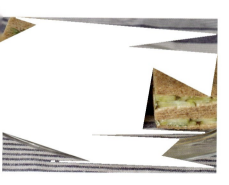

Arrange きゅうりの酢漬けをアレンジ

きゅうりのサンドイッチ

酸味があって味がしっかりしているので、
マスタードを合わせるだけでおいしい！

材料（2人分）
きゅうりの酢漬け（p.41参照）― 1本
食パン（ライ麦入り・12枚切り）― 4枚
オリーブオイル ― 小さじ1
マスタード ― 小さじ1
ディル ― 1本

1　食パンの片面に、オリーブオイルを回しかけ、マスタードを塗る。

2　きゅうりの酢漬けは、薄い輪切りにする。

3　**1**のパン1枚に**2**のきゅうりをすきまなくのせ、もう1枚のパンを重ねる。ラップをかぶせて5分ほど皿などの重石をのせる。4等分に切って器に盛り、ディルを飾る。

Part.1 副菜／酢漬け

Arrange いろいろ野菜の酢漬けを*アレンジ*

野菜の豚巻き

酢漬けの味で調味料をほとんど使わなくてもよい。
さっぱりとした味わいで食が進みます。冷めてもおいしいので、お弁当のおかずにも。

材料(2人分)

いろいろ野菜の酢漬け(p.41参照)
　── 8本
豚ロース肉(しょうが焼き用)
　── 4枚(160g)
バジル ── 適量
にんにく(薄切り) ── 1片分
塩 ── 小さじ1/4
小麦粉 ── 大さじ1
オリーブオイル ── 大さじ1
ベビーリーフ、セルフィーユ ── 各適量

1 いろいろ野菜の酢漬けは縦3等分に切る。

2 豚肉を広げてバジルをのせ、豚肉1枚につき**1**のいろいろ野菜の酢漬けを5～6本並べ、端から巻き込む。楊枝でとめて軽く塩をふり、小麦粉をまぶす。

3 フライパンにオリーブオイル小さじ2とにんにくを入れて弱火にかけ、香りが立ったらにんにくを取り出す。**2**の巻き終わりを下にして2～3分焼き、とじ目が焼けたら上下を返す。ふたをして1～2分焼く。

4 半分に切って盛り、ベビーリーフやセルフィーユを添え、残りのオリーブオイル小さじ1をふる。

トルタサラータ
TORTA SALATA

塩味のトルタは、イタリア版キッシュのこと。本来はパイ生地の土台がありますが、作りやすさと保存性を考えて耐熱容器にフィリングを直接入れて焼く、土台なしのタイプに工夫しました。

じゃがいものトルタサラータ

野菜のトルタサラータ

じゃがいものトルタサラータ

ナポリでガットディパターテと呼ばれる家庭料理を工夫しました。
冷たくてもおいしいのでお弁当のおかずにも。白ワインに合うのでおつまみにも。

材料(直径15cmの丸型1台分)
じゃがいも — 3個(450g)
ロースハム(1cm四方に切る) — 5枚分(50g)
卵 — 2個
牛乳 — 80mℓ
A ｜ 塩 — 小さじ1/2
　｜ オリーブオイル — 大さじ1 1/2
　｜ こしょう — 少量
B ｜ イタリアンパセリ(みじん切り) — 小さじ2
　｜ パルミジャーノ・レッジャーノ(すりおろし)
　｜ 　— 大さじ2
　｜ パン粉 — 大さじ2

準備
○型にバター(分量外)を薄く塗り、小麦粉少量(分量外)をまぶす。余分な粉は落とす。

1 じゃがいもはひと口大に切り、ゆでる。湯をきってボウルに入れ、熱いうちになめらかになるまでつぶす。**A**を加えて混ぜる。

2 **1**に溶きほぐした卵と牛乳、ハム、混ぜ合わせた**B**の2/3量を加え、そのつどゴムべらで混ぜ合わせる。

3 型に流し入れる。残りの**B**を全体にふり、180℃のオーブンで約30分焼く。粗熱がとれたら切り分ける。

保存：冷蔵で4日間
※1つずつラップに包んで保存容器に入れる。温め直すときは、電子レンジで約30秒加熱する。

野菜のトルタサラータ

野菜は冷蔵庫にある残りものでOK！
野菜を炒めるから水分が抜けて旨みが凝縮。チーズでコクをプラスしています。

材料(9×17×高さ6cmのパウンド型1台分)
玉ねぎ(せん切り) — 小1/3個分(80g)
にんじん(せん切り) — 1/10本分(15g)
卵 — 2個
モッツァレラチーズ(シュレッド) — 30g
オリーブオイル — 小さじ2
塩 — 小さじ1/4
A ｜ オリーブオイル — 小さじ1
　｜ 牛乳 — 90mℓ
　｜ イタリアンパセリ(みじん切り) — 小さじ1
　｜ パルミジャーノ・レッジャーノ(すりおろし)
　｜ 　— 25g
B ｜ 薄力粉 — 100g
　｜ ベーキングパウダー — 3g
C ｜ パルミジャーノ・レッジャーノ(すりおろし)
　｜ パン粉、イタリアンパセリ(みじん切り)
　｜ 　— 各大さじ1/3

準備
○型にクッキングシートを敷く。
○**B**はよく混ぜ合わせてふるう。

1 フライパンにオリーブオイルを熱し、玉ねぎを炒める。塩をふって、4〜5分炒めてしんなりしたら、にんじんを加えて1〜2分炒める。

2 ボウルに卵を溶きほぐし、**1**、**A**を加えて混ぜる。**B**を加えて混ぜ合わせる。

3 型に流し入れ、モッツァレラチーズをのせ、混ぜ合わせた**C**を全体にふり、180℃のオーブンで20〜25分焼く。粗熱がとれたら切り分ける。

保存：冷蔵で3日間
※1つずつラップに包んで保存容器に入れる。温め直すときは、電子レンジで約30秒加熱する。

リピエーニ
Ripieni

リピエーニとは詰めもの料理のこと。くりぬいた野菜に、肉だねや、卵とチーズやパン粉を合わせたフィリングを詰めます。簡単で見映えがよいのでおもてなしにもおすすめです。

きのこのリピエーニ
（しいたけ）

ズッキーニのリピエーニ

きのこのリピエーニ
（マッシュルーム）

ズッキーニのリピエーニ

ズッキーニに詰める野菜は水っぽくならないように、
玉ねぎはしっかり炒めて水分を飛ばしています。冷めてもおいしい。

材料(4人分)

- ズッキーニ — 2本(400g)
- 鶏ひき肉 — 100g
- 玉ねぎ (粗いみじん切り)
  — 小1/3個分(80g)
- 卵 — 1個
- A
  | パルミジャーノ・レッジャーノ
  | (すりおろし)、パン粉
  | — 各大さじ2
  | タイム(みじん切り) — 1本分
- オリーブオイル — 大さじ1 1/3
- 塩 — 小さじ1/3
- こしょう — 少量
- 小麦粉 — 大さじ1
- タイム — 1本

1 フライパンにオリーブオイル大さじ1を熱し、玉ねぎとひき肉を炒める。

2 ズッキーニは縦半分に切り、中身をスプーンでくりぬく。中身は粗みじんに切る。

3 ボウルに**1**、**2**のみじん切りにしたズッキーニ、溶きほぐした卵、**A**の半量をよく混ぜ合わせる。塩、こしょうで調味する。

4 ズッキーニの内側に小麦粉をまぶす。余分な粉は落とし、**3**の肉だねを詰め、クッキングシートを敷いた天板に並べる。

5 残りの**A**をふりかけて残りのオリーブオイル小さじ1/2を回しかけ、190℃のオーブンで15分焼く。タイムを飾り、残りのオリーブオイル小さじ1/2を回しかける。

保存:冷蔵で4日間
※1つずつラップに包んで保存容器に入れる。温め直すときは、電子レンジで約30秒加熱する。

きのこのリピエーニ

しいたけとマッシュルームの2種類を使っています。同じフィリングでも、
きのこの種類で味が異なります。詰めるものをかえても楽しいです。

材料(4人分)

- マッシュルーム、しいたけ — 各4個
- 玉ねぎ — 小1/4個(60g)
- ロースハム — 4枚(40g)
- 卵 — 1個
- A
  | パルミジャーノ・レッジャーノ
  | (すりおろし)、パン粉 — 各大さじ1
  | イタリアンパセリ(みじん切り)
  | — 小さじ1/2
- オリーブオイル — 大さじ1
- モッツァレラチーズ(シュレッド)
  — 10g

1 マッシュルーム、しいたけは軸を除く。

2 玉ねぎ、ハムは5mm四方に切り、オリーブオイルで炒める。粗熱をとる。

3 ボウルに**2**、混ぜ合わせた**A**の2/3量を混ぜ、割りほぐした卵を加えて混ぜ、マッシュルームやしいたけにスプーンで詰める。マッシュルームにはチーズを、しいたけには残りの**A**をのせる。

4 クッキングシートを敷いた天板に並べ、180℃のオーブンでマッシュルームは4〜5分、しいたけは6〜8分焼く。

保存:冷蔵で3日間
※1つずつラップに包んで保存容器に入れる。温め直すときは、電子レンジで約30秒加熱する。

サラダ
INSALATA

イタリア料理のサラダといえば、主菜の後に出てくるシンプルなサラダと、穀類やパスタの入ったものがあります。穀類やパスタが入ったサラダは、主食がわりにも。

米のサラダ

にんじんとチーズのサラダ

にんじんとチーズのサラダ

にんじんが甘くておいしいことを気づかせてくれるサラダ。
レーズンとくるみがよく合います。

材料(4人分)
にんじん — 1本(200g)
A ┃ 白ワインビネガー — 大さじ1 1/3
  ┃ 塩 — 小さじ1/2
  ┃ オリーブオイル — 大さじ2
パルミジャーノ・レッジャーノ(すりおろし)
  — 40g
くるみ(ローストする) — 小さじ1 1/3
レーズン — 小さじ2
セルフィーユ(あれば) — 少量

1 にんじんはせん切りにし、混ぜ合わせた**A**であえる。

2 器に盛り、チーズとくるみ、レーズンを散らし、セルフィーユを飾る。

保存:冷蔵で4日間
※1時間後以降が食べごろ。

> **つくりおきのコツ**
> チーズ、くるみは混ぜずに保存したほうが、香りや食感が楽しめる。

米のサラダ

イタリアではポピュラーなサラダ。
器に見立てたレモンがさわやかな味わいを演出します。

材料(4人分)
米 — 1合
ロースハム — 5枚(50g)
ケッパー(水でさっと洗う) — 小さじ1
イタリアンパセリ(みじん切り) — 小さじ1
A ┃ レモン汁 — 大さじ1 1/2
  ┃ 塩 — 小さじ1/4
  ┃ オリーブオイル — 大さじ2
塩 — 小さじ1/3
こしょう — 少量
バジル — 4枚

1 米を洗って、ややかために炊き、粗熱をとる。ハムは5mm四方に切る。

2 ボウルに**1**のごはんとハム、混ぜ合わせた**A**、ケッパー、パセリを加えて混ぜ合わせ、塩、こしょうで調味する。

3 器(あればレモンカップ)に盛り、バジルを飾る。

保存:冷蔵で4日間
※保存は作り方**2**の状態。保存容器に入れ、オリーブオイル大さじ1(分量外)をふりかけるとよい。

じゃがいものコロコロサラダ　ハム巻き

クスクスのサラダ

Part.1 副菜 / サラダ

じゃがいものコロコロサラダ　ハム巻き

材料を小さく切りそろえるのが特徴のインサラータルッサは、
イタリアの定番ポテサラです。本場ではボローニャソーセージで巻きます。

材料(4人分)
じゃがいも ― 2個(300g)
にんじん ― 1/3本(50g)
赤玉ねぎ ― 1/8個(30g)
ロースハム ― 8枚(80g)
ケッパー(水でさっと洗う) ― 小さじ1
塩 ― 適量
A ┃ マヨネーズ ― 大さじ3
　 ┃ マスタード ― 小さじ2
イタリアンパセリ(みじん切り) ― 少量

1 じゃがいもとにんじんは1cm角に切り、塩ゆでする。ざるにあけたら水をさっと回しかけ、塩少量をふる。

2 玉ねぎは薄切りにして残りの塩小さじ1/4でもみ5〜10分おいた後、水にさらしてキッチンペーパーで絞る。

3 ボウルに**1**、**2**、ケッパー、**A**を入れて混ぜ合わせる。

4 ハムで巻いて楊枝でとめて器に盛り、パセリを散らす。

保存：冷蔵で4日間　※保存は作り方**3**の状態。

クスクスのサラダ

クスクスは、セモリナ粉が原料の世界一小さなパスタといわれています。
イタリアでもよくサラダに用いられます。時間がたつと味がなじむので、つくりおきにぴったり。

材料(4人分)
クスクス ― 100g
赤玉ねぎ ― 1/8個(30g)
ミニトマト ― 4個(120g)
きゅうり ― 1本(90g)
ゆで卵 ― 1個
塩 ― 小さじ1/2
A ┃ 白ワインビネガー ― 小さじ2
　 ┃ イタリアンパセリ(みじん切り)
　 ┃ 　 ― 小さじ1/2
　 ┃ 塩 ― 小さじ1/4
　 ┃ こしょう ― 少量
　 ┃ オリーブオイル ― 大さじ2

1 鍋に湯1/2カップを沸かし、さっと洗ったクスクスを入れ、ふたをして5〜6分おく(袋の表示時間通りに行う)。蒸し上がったら塩小さじ1/4をふる。

2 赤玉ねぎは薄切りにして残りの塩小さじ1/4でもみ、約10分おく。水にさらしてキッチンペーパーで絞る。ミニトマトは半分に切り、きゅうりは1cm角に切る。

3 ボウルに**1**のクスクス、**2**の野菜を合わせ、混ぜ合わせた**A**であえる。

4 器に盛り、小さく切ったゆで卵をのせる。

保存：冷蔵で4日間　※保存は作り方**3**の状態。

スープ
Minestra

イタリアでは野菜と一緒に穀類や豆を入れる、具だくさんなスープが主流です。
はじめに野菜をオリーブオイルで炒めるとおいしく仕上がります。

ひよこ豆のスープ

ミネストローネ

ひよこ豆のスープ

ひよこ豆のおいしさを味わうスープなので、
ぜひ乾燥豆をもどすところから作ってください。パスタを加えてもおいしい。

材料(4人分)

ひよこ豆(乾燥) — 100g
玉ねぎ — 1/2個(150g)
にんじん — 1/2本(80g)
セロリ — 1/3本(50g)
トマト(またはホールトマト缶)
　— 2個(200g)
キャベツ — 2枚(100g)
塩 — 適量
こしょう — 適量
チキンブイヨン — 4カップ
オリーブオイル — 大さじ3
イタリアンパセリ(みじん切り)
　— 少量

1　ひよこ豆はたっぷりの水で軽く洗い、たっぷりの新しい水に一晩浸す。

2　水けをきって鍋に入れる。豆より5cmくらい上のところまで水を加え、火にかける。煮立ったらアクを取って約50分やわらかくなるまで煮る。

3　玉ねぎ、にんじん、セロリは1cm角に切り、トマトとキャベツはざく切りにする。

4　別の鍋にオリーブオイルを熱し、玉ねぎ、にんじん、セロリを入れ、塩小さじ1/3とこしょう少量をふって弱火で10分炒める。

5　2のひよこ豆、トマト、キャベツ、チキンブイヨンを加え、約15分煮る。塩、こしょう各少量で味を調える。器に盛り、パセリを散らす。

保存:冷蔵で5日間　※翌日以降が食べごろ。

ミネストローネ

イタリアの代表的なスープ。香味野菜であるにんじん、玉ねぎ、セロリは入れたほうがよいのですが、
ほかは残り野菜でOK！　種類が多いほど、奥深い味わいに。野菜の割合は自由。

材料(4人分)

玉ねぎ — 1/3個(100g)
にんじん — 1/4本(40g)
セロリ — 1/4本(40g)
じゃがいも — 1個(120g)
ズッキーニ — 1/2本(100g)
しいたけ — 2個(40g)
水 — 4カップ
塩 — 適量
こしょう — 少量
オリーブオイル — 大さじ2
パルミジャーノ・レッジャーノ
　(すりおろし) — 大さじ1

1　しいたけは軸を除く。野菜、しいたけは1cm角に切る。

2　鍋にオリーブオイルを熱し、玉ねぎ、にんじん、セロリを入れて4〜5分炒める。ズッキーニ、しいたけ、じゃがいもを加えて分量の水を加え、塩小さじ1とこしょうをふり、ふたをして約15分煮る。塩少量で味を調える。

3　器に盛ってチーズをふる。

保存:冷蔵で5日間
※翌日以降が食べごろ。

かぼちゃのスープ

カリフラワーのスープ

かぼちゃのスープ

えぐみのあるかぼちゃの皮を除くことで、やさしい味わいのスープに。
翌日以降は、チーズを足して加熱して溶かすとさらにおいしい。

材料(4人分)
かぼちゃ — 1/3個(400g)
玉ねぎ — 1/2個(150g)
鶏もも肉 — 30g
水 — 2 1/2カップ
オリーブオイル — 大さじ1
塩 — 小さじ 3/4
パルミジャーノ・レッジャーノ(すりおろし)
　— 大さじ2

1 玉ねぎは薄切りにする。鶏肉はひと口大に切る。

2 かぼちゃは種とワタを除き、ラップで包んで電子レンジで2分加熱する。皮をそぎ落とし、薄切りにする。

3 鍋にオリーブオイルを熱し、玉ねぎを4〜5分炒める。塩をふり、**2**のかぼちゃ、分量の水、鶏肉を加える。かぼちゃがやわらかくなるまで約10分煮る。

4 器に盛り、チーズをふる。

保存:冷蔵で4日間

カリフラワーのスープ

カリフラワーの味わいと香りがダイレクトに味わえます。
じゃがいもで適度なとろみをつけました。

材料(4人分)
カリフラワー — 2/3株(300g)
じゃがいも — 1個(150g)
玉ねぎ — 1/2個(150g)
オリーブオイル — 大さじ1
塩 — 小さじ 1/2
チキンブイヨン — 2 1/2カップ
生クリーム — 小さじ2

> **つくりおきのコツ**
> 保存性を高めるため、生クリームは食べるときにかけて。

1 カリフラワーは小房に分け、じゃがいもは半分に切ってから1cm厚さに切り、玉ねぎは薄切りにする。

2 鍋にオリーブオイルを熱し、玉ねぎを炒める。玉ねぎがしんなりしたら塩小さじ1/4をふり、カリフラワーとじゃがいもを加えて1〜2分炒める。チキンブイヨンを加え、野菜がやわらかくなるまで約10分煮る。飾り用のカリフラワー少量を取り分ける。

3 フードプロセッサーで攪拌し、鍋に戻して残りの塩小さじ1/4で味を調える。

4 器に盛り、**2**の取り分けたカリフラワーをのせ、生クリームを回しかける。

保存:冷蔵で3日間

Part
2
主菜

献立の中でメインとなる肉料理や魚介料理は、最も調理時間を要することが多いもの。つくりおきしてあると、忙しいときに重宝します。この章では、つくりおきに適した主菜のレシピを紹介しています。そのまま食べるのはもちろん、これらを活用したアレンジレシピもおすすめ。多めに作っても飽きずに食べられます。

肉料理
Carne

イタリア料理には、つくりおきに適した肉料理が多くあります。
日本の主菜として味わえるように工夫したレシピを紹介します。

豚肉ロールのトマト煮

薄切り肉で巻くのは、イタリア南部でブラチョーレと呼ばれています。主菜は豚肉にして、豚肉のコクが出たトマトソースでパスタをあえる、南イタリアの家庭料理の知恵が詰まった料理です。

材料(4人分)

豚ロース肉(しょうが焼き用)
　— 8枚(300g)
生ハム — 8枚(60g)
玉ねぎ(薄切り) — 小1個分(250g)
ホールトマト缶 — 2缶(800g)
にんにく(薄切り) — 2片分
赤唐辛子(種を除いて4等分) — 1本分
A ‖ パルミジャーノ・レッジャーノ
　　(すりおろし)、パン粉 — 各大さじ3
　‖ イタリアンパセリ(みじん切り)
　　— 小さじ1
　‖ オリーブオイル — 大さじ2
オリーブオイル — 大さじ1$\frac{1}{3}$
塩 — 適量
白ワイン — 大さじ4
水 — $\frac{1}{2}$カップ
こしょう — 少量
イタリアンパセリ — 少量

1 Aは混ぜ合わせて8等分にする。

2 豚肉を広げ、生ハムを広げて重ねる。手前に**1**をおき、はみ出さないように端から巻いて楊枝でとめる。

3 鍋にオリーブオイル小さじ1を熱し、**2**を入れて表面がきつね色になるまで約3分焼き、取り出す。

4 **3**の鍋に残りのオリーブオイル大さじ1を足してにんにく、赤唐辛子を弱火で炒め、香りが立ったらにんにくと赤唐辛子を取り出す。玉ねぎと塩小さじ$\frac{1}{2}$を加えて中火で4〜5分炒める。

5 取り出した豚肉を戻し、白ワインを加えてアルコール分を飛ばしたら、細かくつぶしたトマトと分量の水を加える。ふたをして弱火で約15分煮込む。塩少量とこしょうで味を調える。器に盛り、パセリのみじん切りを散らし、パセリの葉先を飾る。

保存：冷蔵で5日間
※豚肉ロールはソースで覆うようにして保存する。

Arrange 豚肉ロールのトマト煮を**アレンジ**

トマトソースのパスタ

豚肉のトマト煮のトマトソースでゆでたパスタをあえるだけ。

材料(2人分)

豚肉ロールのトマト煮のソース(上記参照) — 200g
パスタ(ペンネ) — 160g
パルミジャーノ・レッジャーノ(すりおろし) — 小さじ2
塩 — 適量

1 パスタは、塩を入れたたっぷりの湯でゆでる(p.9参照)。

2 鍋に豚肉ロールのトマト煮のソースを温め、ゆで上がったパスタを混ぜ合わせる。器に盛り、チーズをふりかける。

豚肉とレンズ豆の煮もの

レンズ豆はうずら豆や金時豆にかえてもおいしくできますが、
水でもどさなくても使えるレンズ豆は便利です。

材料(4人分)

- 豚肩ロース肉 — 200g
- レンズ豆(乾燥) — 100g
- にんにく(みじん切り) — 1片分
- 玉ねぎ — 1/6個(50g)
- にんじん — 1/3本(50g)
- セロリ — 1/3本(50g)
- ホールトマト缶 — 1缶(400g)
- オリーブオイル — 大さじ1 1/3
- 白ワイン — 1カップ
- 塩、こしょう — 各適量
- ローリエ — 1枚
- 水 — 1 1/2カップ

1 レンズ豆は2〜3回水をかえながら軽く洗う。

2 玉ねぎ、にんじん、セロリは粗みじんに切る。豚肉は1.5cm幅に切り、塩小さじ1/2をもみ込む。

3 フライパンにオリーブオイル小さじ1を熱し、豚肉を焼く。表面に焼き色がついたら、白ワインをふってひと煮立ちさせ、火を止める。

4 鍋に残りのオリーブオイル大さじ2、にんにくを入れて弱火にかける。玉ねぎ、にんじん、セロリを炒め、塩、こしょう各少量をふる。3の豚肉、ローリエ、分量の水を加えて弱火で20分以上煮込む。

5 豚肉がやわらかくなったら、つぶしたトマトと1のレンズ豆を加える。ふたをせずに弱火で約15分煮る。塩、こしょう各少量で味を調え、ふたをして約15分煮る。

保存：冷蔵で1週間
※豆が水分を吸うので、温め直すときに湯適量を足してもよい。

Arrange
豚肉とレンズ豆の煮ものをアレンジ

豚肉とレンズ豆のパスタ

フジッリにレンズ豆がよくからんでおいしい！
フジッリがなければ、ペンネなどのショートパスタで。

材料(2人分)

- 豚肉とレンズ豆の煮もの(上記参照) — 200g
- パスタ(フジッリ) — 140g
- オリーブオイル — 小さじ1/2
- イタリアンパセリ(みじん切り) — 少量
- 塩 — 適量

1 パスタは、塩を入れたたっぷりの湯でゆでる(p.9参照)。

2 鍋に豚肉とレンズ豆の煮ものを温め、ゆで上がったパスタを加え、1分煮る。オリーブオイルを回しかけ、パセリを散らす。

塩豚のソテー サラダ菜包み

塩豚を焼くだけでもおいしい！

材料と作り方(2人分)

1 塩豚(右記参照)150gは水けをキッチンペーパーでふき、1cm厚さに切る。

2 フライパンにオリーブオイル小さじ2、にんにく(薄切り)1片分を入れて弱火にかけ、香りが立ったらにんにくを取り出す。豚肉を強火で1〜2分焼き、返して中火にし、ローズマリー1本をのせて1〜2分焼く。

3 豚肉はひと口大に切ってローズマリーとともに器に盛り、サラダ菜適量を添える。豚肉をサラダ菜で包んで食べる。

塩豚

イタリアで多用されるパンチェッタ(豚バラ肉の乾燥塩漬け)の代わりに使えるよう家庭用にアレンジ。ソテーはもちろん、スープに入れたり、蒸し煮にしたり活用できます。自然塩を使うとおいしさが格別です。

材料(作りやすい量)

豚肩ロース肉(ブロック) — 300g
塩 — 小さじ1½
こしょう — 小さじ½
ローリエ — 2枚

つくりおきのコツ
塩漬けにすると水分が抜けて保存性が高まる。アレンジしやすいよう塩を少なめにしているので、これ以上減らさないように。

1 豚肉に塩、こしょうをまぶしてローリエをのせ、厚手のキッチンペーパーで包んでポリ袋に入れ、冷蔵庫で一晩寝かせる。豚肉から出た水けをキッチンペーパーでとる。

2 使う分を切って調理する。

保存:冷蔵で3日間
※翌日以降に調理する。保存するときは、キッチンペーパーを敷いた保存容器に入れ、上からキッチンペーパーをかぶせてふたをする。

塩豚をアレンジ

カルボナーラ

カルボナーラは炭焼き職人のことで、こしょうをたっぷり使うのが特徴。生クリームを使わない作り方です。

材料(2人分)

塩豚(上記参照) — 70g
卵 — 2個
卵黄 — 1個分
パルミジャーノ・レッジャーノ(すりおろし) — 大さじ2
パスタ(リガトーニ) — 140g
オリーブオイル — 小さじ½
パスタのゆで汁 — 大さじ3
こしょう — 小さじ⅓
塩 — 適量

1 卵と卵黄は室温にもどし、溶きほぐして混ぜ合わせる。塩豚は5mm幅の拍子木切りにする。

2 パスタは、塩を入れたたっぷりの湯でゆでる(p.9参照)。

3 フライパンにオリーブオイルを熱し、弱火で塩豚を5〜6分炒める。

4 ボウルに**1**の卵とパスタのゆで汁、ゆで上がったパスタと**3**の塩豚を手早く合わせ、チーズを加えて混ぜる。器に盛り、こしょうをふる。

豚肉と玉ねぎのとろとろ煮

豚スペアリブと豚ロース肉の贅沢なダブル使い。
郷土料理の「ナポリのジェノベーゼ」を工夫したレシピです。

材料(4人分)

豚スペアリブ — 500g
豚ロース肉(薄切り) — 200g
玉ねぎ — 3個(750g)
ピーマン — 1個(50g)
にんにく(薄切り) — 2片分
トマトペースト(6倍濃縮) — 大さじ2
オリーブオイル — 小さじ2
白ワイン — 2カップ
ローリエ — 1枚
塩 — 小さじ1/2
こしょう — 少量

> **つくりおきのコツ**
> 豚肉はスペアリブだけでなく、薄切り肉も入れることでアレンジ自在に!

1 豚肉を合わせて塩、こしょうをふって約30分室温にもどし、水けをキッチンペーパーでとる。玉ねぎは2〜3mm厚さの薄切りにする。ピーマンは種を取って縦4等分にする。

2 フライパンにオリーブオイルとにんにくを入れて弱火にかけ、香りが立ったらにんにくを取り出す。スペアリブを並べ、表面に焼き色がついたら、豚ロース肉を加えてさっと炒め、白ワインを加えてひと煮立ちさせる。

3 2を鍋に移し、玉ねぎ、ピーマン、トマトペースト、ローリエを加え、ふたをして約1時間煮る。途中煮汁が減ったら、常に材料がかくれるくらいの水を足す。

保存:冷蔵で8日間

Arrange
豚肉と玉ねぎのとろとろ煮を*アレンジ*

とろとろ玉ねぎのパスタ

とろとろの玉ねぎにパスタをあえて、
チーズをかけるだけなのにあとを引く味わいです。

材料(2人分)

豚肉と玉ねぎのとろとろ煮の玉ねぎ(上記参照)
  — 180g
パスタ(スパゲッティーニ) — 160g
パルミジャーノ・レッジャーノ(すりおろし) — 大さじ2
塩 — 適量

1 パスタは、塩を入れたたっぷりの湯でゆでる(p.9参照)。

2 鍋で豚肉と玉ねぎのとろとろ煮の玉ねぎを温め、ゆで上がったパスタを混ぜ合わせる。器に盛ってチーズをふる。

Arrange
豚肉と玉ねぎのとろとろ煮をアレンジ

オニオングラタンスープ

すでに玉ねぎがとろとろになっているので、
オーブントースターで焼くだけ。時短メニューです。

材料(2人分)
豚肉と玉ねぎのとろとろ煮(p.65参照)
　— 180g
バゲット(1.5cm厚さ) — 4枚
モッツァレラチーズ(シュレッド) — 40g
水 — 1カップ
塩 — 小さじ1/2
こしょう — 少量
イタリアンパセリ(みじん切り) — 小さじ1/4

1 鍋に豚肉と玉ねぎのとろとろ煮を入れ、分量の水を足して塩、こしょうで味を調える。

2 耐熱容器に**1**を入れ、バゲットをのせ、その上にチーズをのせる。オーブントースターで約8分、表面がふつふつとするまで焼く。パセリを散らす。

Arrange
豚肉と玉ねぎのとろとろ煮をアレンジ

ハヤシライス

十分に煮込んだ玉ねぎと薄切りの豚肉で
コクのあるハヤシライスができます。

材料(2人分)
豚肉と玉ねぎのとろとろ煮
　(p.65参照・スペアリブは除く) — 200g
A ｜｜ 水 — 約2/3カップ
　　｜ トマトケチャップ — 大さじ1 1/2
塩、こしょう — 各少量
温かいごはん — 300g
イタリアンパセリ(みじん切り) — 小さじ1/4

1 鍋に豚肉と玉ねぎのとろとろ煮を入れ、**A**を加えて5〜6分煮る。塩、こしょうで味を調える。

2 パセリを混ぜたごはんを器に盛り、**1**をかける。

豚肉のツナソース

紅茶で豚肉をゆでると、紅茶が豚肉のくさみを消し、さっぱりとした味わいに。
ツナソースはイタリアではトンナートと呼ばれています。

材料(4人分)

豚もも肉(または肩ロース) ― 400g
紅茶(ティーバッグ) ― 2袋(6g)
にんにく(粗いみじん切り) ― 1片分
アンチョビー ― 2枚
オリーブオイル ― 適量
A ┃ ツナ缶(油漬けタイプ・缶汁をきる) ― 3缶(210g)
　　┃ ゆで卵の黄身 ― 2個分
　　┃ ケッパー(水でさっと洗う) ― 大さじ1
　　┃ 塩 ― 小さじ1/2
オリーブオイル ― 小さじ2 + 1/2カップ
チキンブイヨン ― 大さじ4
塩 ― 少量
ケッパー(水でさっと洗う)、
　ブロッコリー(塩ゆで) ― 各適量

1 鍋に湯7カップを沸かし、紅茶のティーバッグを入れ、色が出たら取り出す。豚肉を加え、豚肉がかくれるくらいの水を足す。ふつふつとしている状態を保ち、アクを取りながら約30分煮る。粗熱がとれるまでゆで汁につけておく。

2 小鍋にオリーブオイル小さじ2、にんにくを入れて弱火にかけ、香りが立ったらアンチョビーを加えてさっと炒める。

3 Aと2をフードプロセッサーで攪拌し、残りのオリーブオイル1/2カップを少しずつ加えて混ぜ、なめらかな状態にする。チキンブイヨンと塩で味と濃度をととのえる。

4 豚肉の汁けをとり、薄切りにして器に並べる。3のツナソースをのせ、ケッパーを飾る。ブロッコリーを添える。

保存:冷蔵で1週間
※保存するときは、豚肉をツナソースでかくれるぐらいに覆う。

チキンカツレツ

鶏むね肉でさっぱりと仕上げました。衣は小麦粉を使わずに、
衣の卵液に、チーズを混ぜるのがイタリアンらしい。チーズの風味が香ばしい衣です。

材料(4人分)

- 鶏むね肉 — 2枚(400g)
- A
  - 卵 — 2個
  - パルミジャーノ・レッジャーノ(すりおろし) — 大さじ1
- パン粉 — 1カップ
- 揚げ油 — 1/2カップ
- 塩 — 小さじ1
- レモン(1cm厚さの半月切り) — 2切れ

つくりおきのコツ

カツレツの油はしっかりきること。揚げ油にオリーブオイルを使うとベタつかずに日持ちする。

1 鶏肉に塩小さじ1/2をふり、室温に約15分もどして水けをふきとる。6等分に切る。

2 Aを混ぜ合わせ、**1**の鶏肉を5〜10分つける。パン粉をつけ、フライパンの2cm深さまで入れた170℃の揚げ油で、ときどき返しながら4〜5分揚げる。

4 チキンカツレツを切って器に盛り、レモンと残りの塩小さじ1/2を添える。

保存:冷蔵で3日間
※保存するときは、保存容器にキッチンペーパーを敷き、その上にカツレツをのせる。

チキンカツレツのトマトソース焼き

ボローニャ地方の家庭料理を工夫しました。チキンカツにチーズとトマトソースを重ねて焼きます。オーブンで焼くから、チキンカツレツの衣もサクッとした食感に。

材料(2人分)

チキンカツレツ(左記参照)
　— 鶏むね肉1枚分
玉ねぎ — 1/4個(70g)
ホールトマト缶 — 1/2缶(200g)
にんにく(薄切り) — 1片分
オリーブオイル — 大さじ2
塩、こしょう — 各少量
パルミジャーノ・レッジャーノ(すりおろし)
　— 大さじ1
モッツァレラチーズ(シュレッド) — 20g
イタリアンパセリ(みじん切り) — 小さじ1/2

1 玉ねぎは薄切りにする。

2 フライパンにオリーブオイルとにんにくを入れて弱火にかけ、香りが立ったら玉ねぎを加える。塩、こしょうをふり、2〜3分炒める。しんなりしたらつぶしたトマトを加え、約10分煮る。

3 クッキングシートを敷いた天板にチキンカツレツを並べ、パルミジャーノ・レッジャーノをのせ、**2**のトマトソースをかける。モッツァレラチーズをのせて170℃のオーブンで8分焼く。パセリを散らす。

鶏肉ときのこのクリーム煮

3種類のきのこがたっぷり入った鶏肉の煮もの。
きのこはあまり動かさずに香ばしく焼くのがポイントです。味の決め手はマルサラ酒。

材料(4人分)

鶏もも肉 ― 2枚(400g)
きのこ(しめじ、エリンギ、マッシュルーム)
　― 合計200g
生クリーム ― 80㎖
牛乳 ― 1/2カップ
オリーブオイル ― 大さじ1 1/3
マルサラ酒(またはマデラ酒、ポルト酒)
　― 1/2カップ
塩 ― 適量
こしょう ― 少量
小麦粉 ― 大さじ1
イタリアンパセリ(みじん切り) ― 1本分

1 鶏肉は8等分に切って塩小さじ1/2をふる。しめじは石突きを除き、1、2本ずつに分ける。エリンギは半分の長さに切り、5㎜厚さに切る。マッシュルームは軸を除き、4等分に切る。

2 鍋にオリーブオイル小さじ2を熱してきのこを4〜5分炒め、しんなりとしたら塩少量、こしょうをふって火を止める。

3 鶏肉の水けをとり、小麦粉をまぶす。別の鍋に残りのオリーブオイル小さじ2を熱し、鶏肉を皮目から入れて7〜8分焼く。返して1分焼く。マルサラ酒を加え、アルコール分を飛ばし、**2**を加える。

4 生クリーム、牛乳を加えて混ぜ、約5分煮る。パセリを散らす。

保存:冷蔵で3日間

鶏肉とパプリカのトマト煮

カチャトーラと呼ばれる郷土料理。カチャトーラとは、イタリア語で猟師という意味で、猟師が獲物を料理したことに由来します。パプリカを入れるのはローマ風です。

材料(4人分)

鶏もも肉、鶏むね肉、鶏手羽元
　— 合計700g
パプリカ(赤、黄) — 各1/2個(160g)
ホールトマト缶 — 1缶(400g)
玉ねぎ — 1/2個(150g)
にんにく(薄切り) — 1片分
白ワイン — 1/2カップ
トマトペースト(6倍濃縮) — 大さじ1
水 — 1カップ
ローズマリー — 1本
塩 — 小さじ1
こしょう — 少量
オリーブオイル — 大さじ1 1/3

1 鶏肉はむね肉、もも肉を5cm角くらいに切る。鶏肉はすべて合わせて塩をまぶして約20分おき、キッチンペーパーで水けをとる。玉ねぎは横半分に切り、2cm厚さに切る。パプリカは縦に2cm幅に切る。

2 フライパンにオリーブオイル小さじ1を熱し、鶏肉を皮目から入れて約5分焼く。皮全体にパリッと焼き色がついたら取り出す。

3 鍋に残りのオリーブオイル大さじ1、にんにくを入れて弱火にかけ、香りが立ったら玉ねぎを加えて炒める。**2**の鶏肉を加え、白ワインを加えてひと煮立ちさせる。つぶしたトマト、トマトペースト、パプリカ、分量の水、ローズマリーを加えて約20分煮る。こしょうで味を調える。

保存:冷蔵で1週間

牛肉のワイン煮　こしょう風味

ペポーゾ（たくさんのこしょう）という名のトスカーナ州の郷土料理。
赤ワインでやわらかく煮込んでいます。

材料（4人分）
牛もも肉 — 500g
にんにく（薄切り）— 2片分
塩 — 小さじ1/2
オリーブオイル — 小さじ2
A┃こしょう — 小さじ2
　┃ローリエ — 1枚
　┃ドライセージ — 小さじ1/2
　┃ローズマリー — 1/2本
赤ワイン — 1 1/2カップ
トマトペースト（6倍濃縮）— 大さじ1
粒こしょう（黒）— 5〜6粒
ローズマリー — 1本

1 牛肉は4cm角に切って室温にもどし、水けをとる。塩をふる。

2 フライパンにオリーブオイルとにんにくを入れて弱火にかけ、香りが立ったらにんにくを取り出す。中火にして牛肉を入れて表面全体に焼き色をつけ、赤ワインを加えてひと煮立ちさせる。

3 鍋に**2**を移し、**A**を加え、ひと煮立ちさせてアクを取る。ふたをして約1時間30分煮る。常に牛肉全体が煮汁に浸っているように湯を足して調整する。

4 トマトペーストを加えて混ぜ、約10分煮る。器に盛り、つぶしたこしょうとローズマリーを飾る。

保存：冷蔵で1週間　※牛肉は煮汁に漬けて保存する。

Arrange 牛肉のワイン煮をアレンジ

牛肉とじゃがいものピリ辛煮

じゃがいもはゆでることでホクホク感が楽しめます。
トマトはフレッシュ感を残すようにさっと温めるだけでOK！ ごはんがすすむおかずです。

材料（2人分）

牛肉のワイン煮の牛肉（左記参照）— 150g
牛肉のワイン煮の煮汁 — 1/2カップ
じゃがいも — 1個（150g）
ミディトマト — 1個（50g）
トマトペースト（6倍濃縮）— 小さじ1

1 じゃがいもは大きめのひと口大に切る。トマトはくし形に切ってから半分に切る。

2 じゃがいもはゆでてざるにあけ、鍋に戻し水分を飛ばす。

3 別の鍋に牛肉のワイン煮とその煮汁、2のじゃがいも、トマトペーストを入れて5分ほど煮る。トマトを混ぜて火を止める。

ローストビーフ　イタリア風

イタリア人が好きな牛肉料理は、さっと焼いただけのタッリアータ（ステーキ）。
ここでは日持ちのするローストビーフを紹介します。

材料(4人分)
- 牛もも肉（または肩肉） — 600g
- 塩、こしょう — 各適量
- オリーブオイル — 大さじ2
- 玉ねぎ — 1/4個(80g)
- にんじん — 1/2本(80g)
- セロリ — 1/4本(40g)
- ＊玉ねぎ、にんじん、セロリ合わせて200gに。
- ルッコラ — 1束(200g)

にんにくソース

材料と作り方(作りやすい分量)

フライパンにオリーブオイル大さじ2とにんにく（薄切り）3片分を入れて弱火にかけ、にんにくがきつね色になったら、作り方2のバットに残ったローストビーフの肉汁を加えてひと煮立ちさせる。

1　玉ねぎは1cm厚さの薄切り、にんじんは1cm厚さの輪切りにし、セロリは長さを3等分に切り、天板に平らになるようにおく。

2　牛肉は室温に2〜3時間もどして水けをふきとり、塩小さじ1、こしょう小さじ2をふる。オリーブオイル大さじ1をかけ、**1**の野菜にのせ、250℃のオーブンで6〜7分焼く。牛肉を返し、残りのオリーブオイル大さじ1を手早くかけて250℃のオーブンで5〜6分焼く。オーブンを160℃に下げて18〜20分焼く。牛肉をバットにのせ、バットごとアルミホイルで覆って1時間おく。

＊バットに残った肉汁はソースに使うので取っておく。

3　ローストビーフは薄く切って塩、こしょう各少量をふり、器にルッコラとともに盛る。にんにくソース（左記参照）を添える。

保存：冷蔵で2〜3日
※切って保存するときは、切り口に塩とこしょうをたっぷりふり、ラップで包んで保存容器か保存袋に入れる。ワイン漬けだれ（下記参照）に漬けるのもおすすめです。

ワイン漬けだれでおいしく保存

材料と作り方(2人分)

小鍋に赤ワイン2/3カップ、しょうゆ、みりん各小さじ1 1/2、粒こしょう（黒）5粒を入れ、ひと煮立ちさせる。弱火で1〜2分煮詰めて火を止め、粗熱をとる。

保存：冷蔵で4〜5日
※薄く切ったローストビーフをワイン漬けだれでかくれるぐらいに覆う。

※ ローストビーフを簡単アレンジ

ローストビーフのサンドイッチ

牛肉のおいしさをストレートに味わえるサンドイッチ！

材料と作り方(2人分)

1　バゲット（2cm厚さ）2切れの横半分に切り込みを入れ、オリーブオイル小さじ1/2を半量ずつ塗り、グリーンカールレタス2枚を半量ずつはさむ。

2　粒マスタード小さじ1/2、マヨネーズ小さじ1を混ぜ合わせて、半量ずつ塗り、ローストビーフ（上記参照）2枚(30g)を半量ずつはさみ、塩、こしょう各少量をふる。

魚介料理
Pesce

イタリアでは魚は生で食べることはあまりなく、加熱調理することがほとんどです。
つくりおきに適した魚介を選び、日持ちするように工夫したレシピを紹介します。

たこのトマト煮

たこをちょっぴりピリ辛のトマトソースで煮込む、ナポリの郷土料理。
本場では、生だこをたたいてやわらかくしますが、刺し身用ゆでだこで気軽に作れるようにしました。

材料(4人分)
たこ(刺し身用ゆでだこ) — 500g
ホールトマト缶 — 1缶(400g)
にんにく(薄切り) — 2片分
赤唐辛子(種を除いて4等分) — 1/2本分
オリーブ(黒・水でさっと洗う) — 4個
オリーブオイル — 大さじ2
白ワイン — 2/3カップ
ローリエ — 1枚
バジル(ちぎる) — 2枚分

1 たこはぶつ切りにする。

2 鍋にオリーブオイル、にんにく、唐辛子を入れて弱火にかけ、香りが立ったらにんにく、赤唐辛子を取り出す。

3 2の鍋にたこと白ワインを加えてひと煮立ちさせる。つぶしたトマト、オリーブ、ローリエを加え、ふたをして弱火で1時間煮る。
＊途中煮汁が減ったら、たこがかくれるくらいの水を足す。

4 器に盛り、バジルを散らす。

保存:冷蔵で1週間　※翌日以降が食べごろ。

たこのトマト煮をアレンジ!

たこのピリ辛パスタ

たこのトマト煮がしっかりとした味つけなので、
パスタとセロリをあえるだけでOK！

材料(2人分)
たこのトマト煮(上記参照) — 150g
セロリ — 1/4本(40g)
パスタ(ペンネ) — 160g
オリーブオイル — 小さじ1
イタリアンパセリ(ちぎる) — 1本分
塩 — 適量

1 パスタは、塩を入れたたっぷりの湯でゆでる(p.9参照)。セロリは薄切りにする。

2 フライパンにたこのトマト煮、セロリを入れて弱火で2〜3分煮る。

3 ゆで上がったパスタを加えて混ぜ合わせ、器に盛り、オリーブオイルを回しかけてパセリを散らす。

いわしと玉ねぎの酢漬け　ベネト風

酸味がクセになる、サルディンサオールと呼ばれる北イタリア・ベネト州の郷土料理です。
玉ねぎをビネガーで味つけし、揚げたいわしと一緒にいただきます。

材料（4人分）

- いわし ― 小4尾（約200g）
- 玉ねぎ ― 小2個（500g）
- にんにく（薄切り）― 1片分
- オリーブオイル ― 大さじ3
- 塩 ― 小さじ1
- こしょう ― 少量
- A ｜｜ 白ワイン ― 1カップ
  ｜｜ 白ワインビネガー ― 120ml
- B ｜｜ 砂糖 ― 小さじ1
  ｜｜ レーズン ― 大さじ1
  ｜｜ ローリエ ― 1枚
- 小麦粉 ― 1/4カップ
- 揚げ油 ― 1 1/2カップ
- 松の実 ― 小さじ1

1　いわしは頭とワタを取って手早く洗い、手開きにして中骨を除く。キッチンペーパーで水けをとる。玉ねぎは薄切りにする。

2　フライパンにオリーブオイル、にんにくを入れて弱火にかける。にんにくの香りが立ったら**1**の玉ねぎを加えて7〜8分炒め、塩、こしょうをふる。**A**を加えてひと煮立ちさせ、**B**を加えて弱火で約15分煮る。

3　**1**のいわしに小麦粉をまぶし、170〜180℃の揚げ油できつね色になるまで2〜3回返しながら2〜3分揚げる。

4　器に**2**の半量を盛り、**3**の揚げたいわしをのせる。残りの**2**、**3**の揚げたいわしを同様に重ね、冷蔵庫で1時間なじませる。食べるときに、軽く炒った松の実を散らす。

保存：冷蔵で4日
※玉ねぎの酢漬けでいわしを覆うこと。

たらのオーブン焼き

たらを揚げてトマトソースの上にのせ、オーブンで焼きます。チーズ入りのパン粉が
香ばしくておいしい。イタリアでは塩漬けのたらで作りますが、手に入りやすい生だらを使います。

材料(4人分)

生だら — 4切れ(約300g)
玉ねぎ — 1個(300g)
パプリカ(赤、黄) — 各1個(300g)
ホールトマト缶 — 3/4缶(300g)
A ┃ イタリアンパセリ(みじん切り)
　　　　— 小さじ1
　　パルミジャーノ・レッジャーノ
　　　(すりおろし)、パン粉 — 各大さじ1
塩 — 適量
こしょう — 少量
揚げ油 — 1カップ
オリーブオイル — 大さじ1
パセリ(みじん切り) — 小さじ1/3

1 たらに塩小さじ2をふって、約30分室温にもどし、キッチンペーパーで水けをとる。
*たらが生だらではなく、甘塩だらの場合は塩はふらなくてよい。

2 玉ねぎ、パプリカは5mm厚さに切る。

3 1のたらに混ぜ合わせた**A**の半量をまぶし、180℃の揚げ油で1〜2回返しながら約3分揚げる。

4 フライパンにオリーブオイルを熱し、玉ねぎ、パプリカを3〜4分炒めて残りの塩少量とこしょうをふる。しんなりしたら、つぶしたトマトを加えて7〜8分煮る。

5 耐熱容器に**4**を入れ、上に**3**の揚げたらを並べる。残りの**A**をふり、180℃のオーブンで、7〜8分焼く。仕上げにパセリをふる。

保存：冷蔵で4日間

Part 3
ソース

トマトソースをはじめ、イタリア料理の基礎となるソースは、いろいろな料理の味の決め手となります。ソースはパスタはもちろん、主菜や副菜などに活用でき、じつはとっても便利。ここではトマトソース、ボロネーゼソース、ベシャメルソース、バジルソースの4つのソースと、アレンジレシピを紹介しています。

トマトソース

イタリア料理の定番ソース。フレッシュなトマトを使うときは完熟したものを使いましょう。トマト、にんにく、オリーブオイルと、シンプルな材料で作れるお役立ちソースです。

材料（でき上がり量400g）

ホールトマト缶 ― 1缶(400g)
にんにく(薄切り) ― 1片分
オリーブオイル ― 大さじ2

1 鍋にオリーブオイルとにんにくを入れて弱火にかけ、香りが立ったらにんにくを取り出す。

2 つぶしたトマトを加え、ふたをせずに弱火で約20分煮る。

保存：冷蔵で5日間、冷凍で1カ月間
※冷凍には保存袋が適している。冷凍するときは小分けにするとよい。

※ トマトソースを簡単アレンジ

ピッツァトースト
アンチョビーをちぎってのせるのもおいしい！

材料と作り方(2人分)

1 イングリッシュマフィン1個は厚さを2等分に切り、トマトソース(上記参照)大さじ4を半量ずつ塗る。

2 モッツァレラチーズ40gを8等分して4つずつのせる。ドライオレガノ少量をふる。

3 オーブントースターで7〜8分焼く。バジル2枚をちぎってのせる。

トマトココット
朝食にぴったりのメニューです。

材料と作り方(直径9cm高さ4cmの耐熱容器2個分)

1 耐熱容器にトマトソース(上記参照)大さじ8と温かいごはん80gをそれぞれ半量ずつ入れて混ぜる。真ん中を少しくぼませて卵1個ずつを割り入れ、塩小さじ1/4ずつをふる。

2 オーブントースターで焼き(卵が半熟状になる目安は5分)、パルミジャーノ・レッジャーノ(すりおろし)小さじ1ずつをふり、さらに4〜5分焼く。

イタリアンハンバーグ

 トマトソースをアレンジ

肉だねにチーズを練り込みました。
ふわっとジューシーで、トマトソースとの相性抜群です。

材料(2人分)

トマトソース(左記参照) — 100g
合いびき肉 — 120g
A　玉ねぎ(みじん切り) — 1/6個分(50g)
　　塩 — 小さじ1/4
　　ナツメグ — 少量
　　パルミジャーノ・レッジャーノ(すりおろし)、
　　　パン粉 — 各大さじ1
　　オリーブオイル — 小さじ1
　　溶き卵 — 1/3個分
オリーブオイル — 小さじ1
塩、こしょう — 各少量
バジル、イタリアンパセリ — 各適量

1 ボウルにひき肉を入れて練り、Aを順に加えて練り混ぜ、直径4cm大の円形にする。

2 フライパンにオリーブオイルを熱し、**1**の肉だねを入れて2分焼いて裏返す。1～2分焼いて焼き色を両面につけたら、弱火で約5分焼く。

3 トマトソースを加え、ふたをして2～3分煮る。塩、こしょうで味を調える。器に盛り、バジル、パセリを添え、みじん切りにしたパセリを散らす。

Arrange
トマトソースをアレンジ

いんげんの
トマトソース煮

いんげんをトマトソースと香味野菜で煮込みました。
冷めてもおいしく、パスタにかけるのもおすすめ。

材料(2人分)

トマトソース(p.82参照) — 80g
さやいんげん — 15本(150g)
A ┃ 玉ねぎ — 1/4個(70g)
　┃ にんじん、セロリ — 各1/4本(各40g)
オリーブオイル — 大さじ2
塩、こしょう — 各少量
水 — 大さじ3

1　いんげんは筋を取る。Aは粗みじんに切る。

2　鍋にオリーブオイルを熱し、Aを入れて塩、こしょうをふり、しんなりとするまで4～5分炒める。いんげんと分量の水を加えて炒め、ふたをして弱火で7～8分蒸し煮にする。いんげんがやわらかくなったらトマトソースを加え、ふたをして5～6分煮る。

Arrange
トマトソースをアレンジ

鶏肉とモッツァレラの
トマトソース蒸し焼き

鶏肉のピッツァ風といわれる料理は、
ピッツァに使う材料が入っています。

材料(2人分)

トマトソース(p.82参照) — 大さじ4
鶏もも肉 — 1枚(250g)
モッツァレラチーズ — 50g
にんにく(薄切り) — 1片分
赤唐辛子(種を除いて4等分) — 1/2本分
ケッパー(水でさっと洗う) — 小さじ1
塩 — 小さじ1/2
オリーブオイル — 大さじ2
こしょう — 少量
白ワイン — 大さじ3
ドライオレガノ — 小さじ1/4

1　鶏肉の皮に竹ぐしを刺して数カ所穴をあけ、3等分に切る。塩をふって室温に約15分おき、キッチンペーパーで水けをとる。チーズは3等分に切る。

2　フライパンにオリーブオイル、にんにく、赤唐辛子を入れて弱火にかけ、香りが立ったらにんにくと赤唐辛子を取り出す。

3　2のフライパンに鶏肉を皮目から焼く。こしょうをふって7～8分焼いて皮全体がパリッとして焼き色がついたら返し、白ワインを回しかけてひと煮立ちさせる。

4　トマトソース、オレガノを加え、チーズとケッパーをのせる。ふたをして弱火で2分蒸し焼きにする。

トマトソースをアレンジ
なすのオーブン焼き

なす、トマト、チーズがからまり、
あつあつ&とろとろのおいしさです。

材料(2人分)

- トマトソース(p.82参照) ── 100g
- なす ── 3本(300g)
- モッツァレラチーズ(シュレッド) ── 100g
- オリーブオイル ── 小さじ2½
- ドライオレガノ ── 小さじ¼
- A │ パルミジャーノ・レッジャーノ(すりおろし)、パン粉 ── 各大さじ1
- イタリアンパセリ(みじん切り) ── 小さじ1

1 なすは縦に8mm厚さに切り、オリーブオイル小さじ2をふってオーブントースターで約15分焼く。

2 耐熱皿に残りのオリーブオイル小さじ½を薄くのばし、**1**の焼きなす、トマトソース、オレガノ、チーズの各半量を順に重ねる。同様に残りのなす、トマトソース、オレガノ、チーズを重ね、混ぜ合わせた**A**をふる。

3 200℃のオーブンで約12分焼き、パセリを散らす。

トマトソースをアレンジ
トマトソースのパスタ バジル風味

玉ねぎの甘さが加わるとトマトの酸味が弱まり、
一段とおいしくなります。

材料(2人分)

- トマトソース(p.82参照) ── 100g
- 玉ねぎ(みじん切り) ── ¼個分(70g)
- パスタ(スパゲッティーニ) ── 160g
- バジル(ちぎる) ── 4枚分
- オリーブオイル ── 小さじ2½
- 塩 ── 適量
- こしょう ── 少量

1 パスタは、塩を入れたたっぷりの湯でゆでる(p.9参照)。

2 フライパンにオリーブオイル小さじ2を熱し、玉ねぎを2〜3分炒め、塩少量、こしょうをふる。玉ねぎがしんなりとしたらトマトソースを加え、バジル2枚分を加えて2〜3分煮る。

3 ゆで上がったパスタを加えて混ぜ合わせる。器に盛り、残りのオリーブオイル小さじ½を回しかけ、残りのバジル2枚分を散らす。

ボロネーゼソース

日本ではミートソースの名前で親しまれている、ボローニャ発祥の牛ひき肉で作るソースです。豚ひき肉を少し入れることでまろやかさを出しました。シナモンを入れるのは、秘伝のかくし味です。

材料(でき上がり量約600g)

ホールトマト缶 — 1缶(400g)
合いびき肉 — 250g
＊できたら、牛と豚の割合が8：2がよい。

A
- 玉ねぎ(粗いみじん切り) — 1/2個分(150g)
- にんじん(粗いみじん切り) — 1/2本分(80g)
- セロリ(粗いみじん切り) — 小1/4本分(40g)

にんにく(薄切り) — 1片分
赤ワイン — 40mℓ
オリーブオイル — 大さじ3 1/6
塩 — 小さじ1
こしょう — 少量

B
- ローリエ — 1枚
- ドライセージ — 小さじ1/4
- ナツメグ — 小さじ1/3
- シナモンスティック — 4cm

1 フライパンにオリーブオイル小さじ1/2を入れて弱火にかけ、ひき肉を入れて炒める。肉の色がかわったら赤ワインを回しかけてひと煮立ちさせ、火を止める。

2 鍋にオリーブオイル大さじ2とにんにくを入れて弱火にかけ、香りが立ったらAを加え、弱火で炒める。塩、こしょうをふり、1と残りのオリーブオイル大さじ1を加えて混ぜながら2〜3分炒める。つぶしたトマト、Bを加えて混ぜ合わせて弱火で約15分煮たら、ふたをして約25分弱火で煮る。シナモンスティックを取り出す。

保存：冷蔵で5日間、冷凍で1カ月間
※冷凍には保存袋が適している。
冷凍するときは小分けにするとよい。

※ ボロネーゼソースを簡単アレンジ

ボロネーゼの卵焼き
いつもの卵焼きに、ボロネーゼソースを巻き込んで！

材料と作り方(2人分)

1 ボウルに卵4個を割り入れ、イタリアンパセリ(みじん切り)小さじ1/3、塩小さじ1/4をふり、混ぜ合わせる。

2 卵焼き用フライパンに、オリーブオイル小さじ1を熱し、**1**の卵液の半量を流し入れる。中央にボロネーゼソース(上記参照)大さじ3をのせ、奥側から手前に半分に折る。焼けた卵を奥側に動かし、空いた部分にオリーブオイル小さじ2を足し、残りの**1**の卵液を流し入れ、同様に手前に折る。

ズッキーニのフリットと
ボロネーゼソースの重ね焼き

Arrange ボロネーゼソースを*アレンジ*

ズッキーニのフリットは、片栗粉を混ぜてカラッと揚げます。
たくさん揚げて、1日目はフリットのまま、翌日にこのボロネーゼソースの重ね焼きをどうぞ。

材料(2人分)

- ボロネーゼソース(左記参照) ── 200g
- ズッキーニ ── 2本(400g)
- **A** ┃ 小麦粉 ── 60g
  ┃ 片栗粉 ── 10g
  ┃ 水 ── 80㎖
- 揚げ油 ── 2カップ
- 塩 ── 小さじ1/4
- **B** ┃ パルミジャーノ・レッジャーノ(すりおろし)、
  ┃ パン粉 ── 各大さじ1
- イタリアンパセリ(みじん切り) ── 小さじ1/2

1 ズッキーニを半分の長さに切ってから縦に1cm厚さに切る。混ぜ合わせた**A**をつけ、170〜180℃の揚げ油で3〜4分ときどき返しながら揚げる。熱いうちに塩をふる。

2 耐熱皿に**1**のズッキーニの半量を並べ、ボロネーゼソースの半量をのせる。残りの**1**のズッキーニを並べ、残りのボロネーゼソースをのせる。

3 混ぜ合わせた**B**をふり、190℃のオーブンで約7分焼く。パセリを散らす。

Arrange
ボロネーゼソースをアレンジ

アランチーニ

アランチーニはライスコロッケのことで、シチリアやナポリの名物料理です。

材料(2人分・8個分)
ボロネーゼソース(p.86参照) ― 80g
温かいごはん ― 160g
モッツァレラチーズ ― 30g
A ｜ 溶き卵 ― 2個分
　　｜ 塩 ― 少量
パン粉 ― 大さじ4
揚げ油 ― 2カップ

1 ボウルにごはんとボロネーゼソースを入れて混ぜ合わせる。

2 チーズはキッチンペーパーで水けをとる。

3 ラップに**1**の1/8量をのせて広げる。中央に**2**のチーズ1/8量をのせ、ラップで包んで丸める。混ぜ合わせた**A**をつけ、パン粉をまぶす。170℃の揚げ油で、転がしながら衣が色づくまで2～3分揚げる。

Arrange
ボロネーゼソースをアレンジ

肉詰めミニトマト

ひと口サイズのミニトマトにボロネーゼソースを詰めて、オーブントースターで焼くだけの簡単リピエーニ。

材料(2人分)
ボロネーゼソース(p.86参照) ― 小さじ6
ミニトマト ― 大6個(180g)
A ｜ パルミジャーノ・レッジャーノ(すりおろし)、
　　｜ 　パン粉 ― 各小さじ1
　　｜ イタリアンパセリ(みじん切り) ― 小さじ1/4
　　｜ オリーブオイル ― 小さじ1

1 ミニトマトは上1/3を横に切り、中身を半分くらいくりぬく。

2 **1**のミニトマトにボロネーゼソースを詰め、混ぜ合わせた**A**をのせて天板に並べ、オーブントースターで5～6分焼く。

Part.3 ソース／ボロネーゼソース

Arrange
ボロネーゼソースをアレンジ

ボロネーゼソースの パスタ

幅広のパスタ・タリアテッレに
濃厚で旨みのあるボロネーゼをからめました。

材料(2人分)

ボロネーゼソース(p.86参照) ── 160g
パスタ(タリアテッレ) ── 160g
塩 ── 適量
パルミジャーノ・レッジャーノ(すりおろし)
　── 大さじ1

1 パスタは、塩を入れたたっぷりの湯でゆでる(p.9参照)。

2 鍋にボロネーゼソースを入れて温め、ゆで上がったパスタを加えて混ぜる。器に盛り、チーズをかける。

Arrange
ボロネーゼソースをアレンジ

タコライス

ごはん、シャキシャキ食感のレタス、ボロネーゼソースと
チーズは、混ぜ合わせながら食べましょう！

材料(2人分)

ボロネーゼソース(p.86参照) ── 160g
温かいごはん ── 120g
レタス ── 3枚
トマト ── 1個(100g)
パルミジャーノ・レッジャーノ(すりおろし)
　── 小さじ2
トルティーヤ・チップス ── 4枚

1 レタスは5cm長さ5mm幅の細切りにし、トマトは1cm角に切る。

2 鍋にボロネーゼソースを入れて温める。

3 器にごはんを盛る。レタス、**2**のボロネーゼソース、トマト、チーズを順にのせ、トルティーヤ・チップスを手で割って散らす。

ベシャメルソース

いわゆるホワイトソースのことで、小麦粉をバターでよく炒め、牛乳を加えてよく混ぜ合わせ、なめらかに仕上げます。グラタンやシチューなど幅広く使えます。

材料（でき上がり量約600g）

薄力粉 — 50g
バター — 50g
牛乳 — 3カップ

A｜ 塩 — 小さじ1/2
　｜ 白こしょう — 少量
　｜ ナツメグ — 小さじ1/8

1 鍋にバターを弱火で溶かし、薄力粉をふるいながら加える。木べらをたえず動かして焦がさないように弱火で炒める。

2 なめらかになったら、火からおろし、泡立て器で混ぜる。

3 再び弱火にかけ、温めた牛乳を3〜4回に分けて加え、そのつど混ぜ合わせる。よく混ぜ、ソースがなめらかになったら火を止め、**A**で調味する。

保存：冷蔵で3日間、冷凍で3週間
※冷凍には保存袋が適している。
冷凍するときは小分けにするとよい。

つくりおきのコツ

日持ちするように濃度を濃くしているので、料理に使うときは牛乳でのばして。

※ **ベシャメルソースを簡単アレンジ**

ブロッコリーとミニトマトのグラタン

野菜にベシャメルソースをかけて焼くだけの手軽さがうれしい。

材料と作り方（2人分）

1 ブロッコリー1/2株（100g）は小房に分け、塩ゆでして（塩適量）ざるにあける。

2 鍋にベシャメルソース（上記参照）180gを入れ、牛乳1/2カップを加えてのばし、火を止める。半量は、**1**のブロッコリーと混ぜ合わせる。

3 耐熱皿に残りの**2**を敷き、**2**のブロッコリーとミニトマト6個（180g）を並べる。パルミジャーノ・レッジャーノ（すりおろし）大さじ2、パン粉大さじ1を混ぜ合わせてふり、220℃のオーブンで約8分焼く。

えびとマカロニのクリームグラタン

Arrange ベシャメルソースをアレンジ

相性抜群のえびとベシャメルソース。えびが見た目にも華やか。
マカロニを入れてボリュームアップすることで主菜&主食に。

材料(2人分)

- ベシャメルソース(左記参照) — 180g
- 小えび(芝えび) — 8尾
- パスタ(マカロニ) — 80g
- 牛乳 — 1/2カップ
- 塩 — 適量
- オリーブオイル — 小さじ2
- こしょう — 少量
- 白ワイン — 小さじ2
- A
  - パルミジャーノ・レッジャーノ(すりおろし) — 大さじ2
  - パン粉 — 大さじ1
- モッツァレラチーズ(シュレッド) — 100g
- イタリアンパセリ(みじん切り) — 少量

1 えびは殻、ワタを除いて水でさっと洗う。塩小さじ1/4をふってキッチンペーパーで包んで水けをとる。

2 パスタは、塩を入れたたっぷりの湯でゆでる(p.9参照)。

3 フライパンにオリーブオイルを熱し、えびを軽く炒めてこしょうをふる。白ワインを加えてアルコール分を飛ばす。

4 鍋にベシャメルソース、牛乳を入れてのばしながら温め、火を止める。ゆで上がったパスタを加えて混ぜ合わせる。

5 耐熱皿に**4**の半量を敷き、えびを並べて残りの**4**を加える。モッツァレラチーズをのせ、混ぜ合わせた**A**をふり、210℃のオーブンで約12分焼く。パセリをふる。

Arrange ベシャメルソースをアレンジ

鶏肉のホワイトシチュー

生クリームを加えずに、さっぱりとした風味に仕上げます。
どこかなつかしい味でホッとします。

材料(2人分)

- ベシャメルソース(p.90参照) — 200g
- 鶏むね肉 — 1/2枚(125g)
- じゃがいも — 小1個(120g)
- にんじん — 1/4本(50g)
- 玉ねぎ — 1/4個(60g)
- 牛乳、水 — 各1カップ
- オリーブオイル — 小さじ2
- 塩 — 適量
- こしょう — 少量
- イタリアンパセリ(みじん切り) — 小さじ1/2

1 鶏肉はひと口大に切り、塩小さじ1/4をふって約15分おき、キッチンペーパーで水けをとる。じゃがいもは2cm角に切る。にんじんは1cm厚さの半月切りにし、玉ねぎは長さを半分に切ってから2cm厚さに切る。

2 鍋にオリーブオイルを熱し、鶏肉を入れて1〜2分焼き、肉が白くなったら玉ねぎを加えて炒め、塩小さじ1/2をふる。しんなりしたら、にんじん、じゃがいも、分量の水を加えて10分煮る。

3 2の鍋にベシャメルソース、牛乳を加えて混ぜ合わせ、4〜5分煮る。残りの塩少量、こしょうで味を調える。パセリをふる。

Arrange ベシャメルソースをアレンジ

鶏肉と里いものグラタン

鶏肉をフライパンで香ばしく焼くことで、
おいしさがアップ!

材料(2人分)

- ベシャメルソース(p.90参照) — 200g
- 鶏もも肉 — 小1枚(170g)
- 里いも — 4個(200g)
- 牛乳 — 1/2カップ
- 塩 — 適量
- オリーブオイル — 小さじ1
- A ┃ パルミジャーノ・レッジャーノ
      (すりおろし)、パン粉 — 各大さじ1
- パセリ(みじん切り) — 小さじ1/2

1 鶏肉はひと口大に切り、塩小さじ1/4をふって15分おき、キッチンペーパーで水けをとる。里いもはひと口大に切って塩ゆでしてざるにあけ、水にくぐらせる。

2 フライパンにオリーブオイルを熱し、鶏肉を皮目から焼く。7〜8分焼いて焼き色がついたら、返して1分焼く。

3 鍋にベシャメルソースを入れて温め、牛乳でのばし、塩小さじ1/2で調味する。

4 耐熱皿に3の半量を敷き、1の鶏肉と里いもを並べ、残りの3をかける。混ぜ合わせたAをふる。220℃オーブンで約8分焼き、パセリをふる。

バゲットのベシャメルオーブン焼き

フランスパンの中にハムとしめじ入りの
ベシャメルソースを詰めました。

材料(2人分)
ベシャメルソース(p.90参照) — 80g
バゲット(20cm長さ) — 1本
しめじ — 1/3袋(50g)
ロースハム — 2枚(20g)
牛乳 — 40㎖
モッツァレラチーズ(シュレッド)
　— 20g
パルミジャーノ・レッジャーノ(すりおろし)
　— 小さじ2
オリーブオイル — 小さじ1
イタリアンパセリ(みじん切り)
　— 適量

1 バゲットは横1/3厚さで切り分ける。バゲットの上部の内側にはオリーブオイル小さじ1/2とパセリ少量をふり、下部はパンをくりぬく。しめじは石突きを除く。ハムは2cm四方に切る。

2 フライパンに残りのオリーブオイル小さじ1/2を熱し、しめじを1〜2分炒め、ハムを混ぜ合わせる。

3 鍋にベシャメルソースを入れて温め、牛乳を加えてのばし、火を止める。**2**を加えて混ぜる。

4 クッキングシートを敷いた天板に、バゲットの上部と下部をのせ、下部に**3**を詰める。モッツァレラチーズをのせ、パルミジャーノ・レッジャーノをふる。170℃のオーブンで5分焼き、上部を取り出す。さらに3〜4分焼き、残りのパセリ少量を散らす。

サーモンとアスパラのクリームパスタ

サーモンと相性のよいグリーンアスパラガスに
ベシャメルソースを加えてクリーミーに仕上げました。

材料(2人分)
ベシャメルソース(p.90参照) — 100g
スモークサーモン — 40g
グリーンアスパラガス — 4本(70g)
パスタ(ファルファッレ) — 140g
牛乳 — 1/2カップ
塩 — 適量
こしょう — 少量

1 アスパラガスは根元のかたい部分を除き、皮をピーラーでむき、4等分の斜め切りにする。サーモンは大きめのひと口大に切る。

2 パスタは、塩を入れたたっぷりの湯でゆでる(p.9参照)。ゆで上がり2分前にアスパラガスを加える。

3 フライパンにベシャメルソースを入れ、牛乳でのばしながら温める。ゆで上がったパスタとアスパラガスを混ぜ合わせて火を止め、サーモンを加える。器に盛り、こしょうをふる。

バジルソース

バジルをたっぷり使った、あざやかなグリーンの美しいソース。
ジェノバはバジルの名産地なので、イタリアではペーストジェノベーゼと言います。

材料（でき上がり量約160g）

バジル ── 60g
松の実 ── 大さじ1
にんにく（薄切り）── 1片分
オリーブオイル ── 1/2カップ
塩 ── 小さじ1/2

1 フードプロセッサーににんにく、松の実、バジルを順に入れ、そのつど攪拌する。オリーブオイルの半量、塩を加えて攪拌する。残りのオリーブオイルを加えて攪拌してペースト状にする。

保存：冷蔵で2週間、冷凍で1カ月間
※香りが飛びにくい冷蔵がおすすめ。
びんに小分けにし、オリーブオイルを注いでオイルの層でふたをする。冷凍には保存袋が適している。

つくりおきのコツ
チーズを入れると香りが飛び、保存性が悪くなるので、調理するときに入れる。

※ バジルソースを簡単アレンジ

トマトカナッペ
トマト、モッツァレラチーズ、バジルが最強の組み合わせ。

材料と作り方（2人分）

1 ミディトマト1個（50g）を1cm厚さの輪切りにして耐熱皿におく。モッツァレラチーズ（ブロック）30gをスライスしてトマトにのせる。＊チーズはシュレッドタイプでも。

2 バジルソース（上記参照）大さじ2をのせ、パルミジャーノ・レッジャーノ（すりおろし）少量をふり、オーブントースターで3〜4分焼き、松の実少量を飾る。

アボカドとトマトのジェノベーゼ
コクのあるアボカドとさわやかなソースが合います。

材料と作り方（2人分）

1 アボカド1個はひと口大に切り、レモン汁小さじ2をかける。ミニトマト4個（120g）は4つに切る。

2 1を合わせて、バジルソース（上記参照）大さじ2で混ぜ合わせる。パルミジャーノ・レッジャーノ（すりおろし）小さじ1/2をふる。

Part.3 ソース

Arrange バジルソースをアレンジ

ジェノバ風パスタ

じゃがいもといんげん、バジルソースは、ジェノバの郷土料理の定番の組み合わせです。
ペコリーノチーズ（羊のチーズ）を加えると、より本格的な味わいに。

材料(2人分)

- バジルソース ── 60g
- パスタ(リングイネ) ── 160g
- じゃがいも ── 1個(120g)
- さやいんげん ── 4本(40g)
- パルミジャーノ・レッジャーノ(すりおろし) ── 25g
- 塩 ── 適量
- 松の実 ── 適量

1 じゃがいもは半分に切ってから7〜8mm厚さに切る。いんげんは筋を取り、4cm長さの斜め切りにする。松の実はフライパンで乾炒りする。

2 パスタは、塩を入れたたっぷりの湯でゆでる（p.9参照）。ゆで上がり5分前に、じゃがいもといんげんを加えて一緒にゆでる。

3 ボウルにバジルソースを用意し、ゆで上がったパスタとじゃがいも、いんげんを混ぜ合わせる。チーズ15gを加えてあえる。器に盛り、松の実と残りのチーズ10gをふる。

ペーストはバゲットなどにのせる、ゆで野菜をつける、パスタと合わせるなど、食べ方が無限に広がります。
保存するときは、ペーストが空気に触れないように、オリーブオイルを注いでオイルの層でふたをしましょう。

焼きなすのペースト

焼きなすの旨みとオリーブオイルが絶妙な組み合わせ。焼きなすの香りもとじ込めました。

材料（でき上がり量約100㎖）
なす ― 2本（200g）
オリーブオイル ― 大さじ1
にんにく（薄切り） ― 1/2片分
パン粉 ― 大さじ1
塩、こしょう ― 各少量

1 クッキングシートを敷いた天板になすを並べ、180℃のオーブンで約15分焼き、皮をむいてざく切りにする。

2 にんにくをフードプロセッサーで攪拌し、**1**のなす、オリーブオイル、パン粉を加えて攪拌し、塩、こしょうで味を調える。

保存：冷蔵で3日間

ひよこ豆のペースト

良質なオリーブオイルを使うのがポイントです。チキンブイヨンでのばしてスープにしてもおいしい！

材料（でき上がり量約400㎖）
ひよこ豆（乾燥） ― 100g
じゃがいも ― 1個（150g）
オリーブオイル ― 大さじ5
塩、白こしょう ― 各少量

1 ひよこ豆はたっぷりの水で軽く洗い、たっぷりの新しい水に一晩浸す。じゃがいもはひと口大に切る。

2 **1**のひよこ豆を水けをきって鍋に入れる。豆より5㎝くらい上のところまで水を入れ、火にかける。ひと煮立ちしたらアクを取り、ふたをして約40分煮る。豆がやわらかくなったらじゃがいもを加え、ふたをして約10分煮て、ざるにあける。

3 フードプロセッサーに**2**、オリーブオイルを入れて攪拌し、塩、白こしょうで味を調える。

保存：冷蔵で1週間

そら豆のペースト

乾燥そら豆で作るイタリア・プーリア州の郷土料理を、フレッシュそら豆にかえて。

材料（でき上がり量約200㎖）
そら豆（さやなし・皮つき）— 300g
じゃがいも — 1個（150g）
オリーブオイル — 大さじ2
塩 — 適量

1 そら豆は5分ほど、やわらかめに塩ゆでする。すぐに水で冷やしてざるにとり、皮をむく。

2 じゃがいもはひと口大に切り、ゆでる。ざるにあけて鍋に戻す。

3 フードプロセッサーで1のそら豆、2のじゃがいも、オリーブオイルを攪拌し、塩少量で味を調える。

保存：冷蔵で4日間

鶏レバーのペースト

レバーは、牛乳で煮ることで、くさみをとります。複雑で味わい深いおいしさです。

材料（でき上がり量約150㎖）
鶏レバー — 100g　　牛乳 — 大さじ2
玉ねぎ（みじん切り）　タイム — 1本
　— 約1/4個分（70g）　アンチョビー — 1枚
セロリ（みじん切り）　オリーブオイル
　— 1/8本分（20g）　　— 大さじ1
白ワイン — 1/4カップ　塩、こしょう — 各少量

1 レバーは水で洗い、血合いを取り除く。水けをキッチンペーパーでとり、ざく切りにする。

2 鍋にオリーブオイルを熱し、玉ねぎとセロリを7〜8分炒める。塩、こしょうをふり、しんなりしたら1のレバー、タイムを加えて炒め、白ワインを入れてひと煮立ちさせる。

3 アンチョビーを加えて炒め、牛乳を加えて弱火で10分、煮汁がほぼなくなるまで煮る。タイムを取り出し、フードプロセッサーで攪拌する。

保存：冷蔵で5日間

バーニャカウダペースト

ピエモンテ州の郷土料理で、ソースに野菜をつけていただきます。

材料（でき上がり量約100㎖）
にんにく ― 10片
アンチョビー ― 4〜5枚
牛乳 ― 2/3カップ
オリーブオイル ― 大さじ2
パン粉 ― 大さじ1

1 にんにくは半分に切り、芯を取ってゆでて、ざるにあける。牛乳で3〜4分ゆでて、ざるにあける。

2 小鍋にオリーブオイルを熱し、**1**のにんにく、アンチョビーを入れ、弱火で2〜3分煮る。

3 フードプロセッサーに入れ、パン粉を加えて攪拌する。

保存：冷蔵で5日間

きのこのペースト

3種類のきのこを炒めてペーストにしました。香りのよいしめじは必ず入れましょう。

材料（でき上がり量約100㎖）
きのこ（しめじ、エリンギ、マッシュルーム）
　― 合計150g
オリーブオイル ― 大さじ1 2/3
タイム ― 1本
塩、こしょう ― 各少量

1 しめじは石突きを除き、1、2本ずつに分ける。エリンギは半分の長さに切り、5㎜厚さに切る。マッシュルームは軸を除き、4つに切る。

2 フライパンにオリーブオイル大さじ1を熱し、きのことタイムを3〜4分炒め、フードプロセッサーで攪拌する。

3 残りのオリーブオイル小さじ2を加え、塩、こしょうで味を調える。

保存：冷蔵で4日間

たらのペースト

ベネツィアの名物料理で、本場では干しだらを使用。手に入りやすい生だらで工夫しました。

材料（でき上がり量約150ml）
生だら — 150g
牛乳 — 1カップ
塩 — 適量
オリーブオイル — 大さじ4
こしょう — 少量
パセリ（みじん切り） — 小さじ1/2

1 鍋にたらと牛乳、塩小さじ1/2を入れて7〜8分煮る。ざるにあけ、流水にくぐらせる。粗熱がとれたら、残っている骨を取り除き、水けをキッチンペーパーでとる。

2 フードプロセッサーに**1**のたらを入れて攪拌する。オリーブオイルを加えて攪拌し、塩少量、こしょうで味を調える。パセリを加えて攪拌する。

保存：冷蔵で3日間

黒オリーブのペースト

日持ちがするように、黒オリーブなどの材料をすべて炒めています。

材料（でき上がり量約120ml）
オリーブ（黒・種なし・水でさっと洗う） — 約100g（正味）
A にんにく（粗いみじん切り） — 1/2片分
アンチョビー — 1枚
B ケッパー（水でさっと洗う） — 小さじ2
ローズマリー（粗いみじん切り） — ごく少量
オリーブオイル — 大さじ3

1 オリーブは水けをきって薄切りにする。水けをキッチンペーパーでとる。

2 フライパンにオリーブオイル大さじ1、**A**を入れて弱火にかける。香りが立ったら、**1**のオリーブ、**B**を加えて軽く炒め、火を止めて粗熱をとる。

3 フードプロセッサーに**2**を移し入れ、残りのオリーブオイル大さじ2を2回に分けて加え、そのつど攪拌する。

保存：冷蔵で1週間

Part 4
デザート

イタリアでは朝食に甘いものを食べる習慣があります。前もって作っておける焼き菓子やジャムなどは便利で、飽きのこないおいしさです。ティラミス、マチェドニアなど、イタリアの定番ドルチェ（デザート）をつくりおきしやすく工夫しています。気軽に作れるものばかり。朝食やおやつ、食後の楽しみにも！

マチェドニア

フレッシュなフルーツのシロップづけです。フルーツの甘さがあるので、シロップは甘さ控えめに。
種類が多いほどおいしいので、旬のフルーツも加えて！

材料(4人分)

オレンジ ― 1個
キウイフルーツ ― 1/2個
バナナ ― 1本
いちご ― 1/2パック
メロン ― 1/8切れ
ブルーベリー ― 10個
A │ 砂糖 ― 60g
  │ 水 ― 1カップ
白ワイン ― 大さじ2
＊またはオレンジキュール小さじ1。
ミント ― 少量

1 鍋にAを入れてひと煮立ちさせ、粗熱をとる。白ワインを加えて保存容器に移し、完全に冷ます。

2 フルーツはどれも1〜2cm角に切って**1**に加えてひと混ぜする。冷蔵庫で30分以上なじませる。器に盛り、ミントを飾る。

保存：冷蔵で3日間

> **つくりおきのコツ**
> フルーツから果汁が出てくるので、作るときにシロップは少なめがちょうどよい。

栗のティラミス

イタリアスイーツの定番・ティラミス。つくりおきするために、卵や生クリームを入れずに、マスカルポーネチーズとマロンクリームを贅沢に使っています。

材料(20×20×高さ5cmの角型1台分)

- マスカルポーネチーズ — 250g
- 製菓用マロンクリーム — 220g
- A
  - コーヒー — 1/2カップ
  - 砂糖 — 小さじ2
  - マルサラ酒(またはオレンジリキュール、ラム酒) — 小さじ2
- スポンジ生地(直径18cm) — 1台
- ココアパウダー(無糖) — 小さじ1
- 栗の甘露煮 — 5個

1 マスカルポーネチーズは室温にもどす。**A**は混ぜ合わせてシロップを作る。栗を半分に切る。スポンジ生地は1cm厚さに切る。

2 ボウルにマスカルポーネチーズとマロンクリームを入れて混ぜ合わせる。

3 容器にスポンジ生地をすき間がないように敷き詰め、ハケで**1**のシロップ半量を染み込ませ、**2**のマロンチーズクリームの半量を塗り広げる。その上に、残りのスポンジ生地をすき間がないように敷き詰め、残りのシロップを染み込ませ、残りのマロンチーズクリームを塗り広げる。

4 ココアパウダーをふり、栗を飾る。冷蔵庫で3時間以上冷やす。

保存:冷蔵で4日間

※ココアパウダーは徐々に水分を吸うので、気になる場合は、食べる日に**4**を行う。

マルサラ酒

生産地はシチリア島西部に位置するマルサラ。糖度が高いぶどうで作られたワインにアルコール分を強化している。甘く芳醇な香りと味わいが特徴。

ビスコッティ

「2度焼く」という意味のビスコッティ。2度焼くので、とてもかたいビスケットです。
トスカーナ地方ではカントゥッチと呼び、甘口ワイン・ヴィンサントとともに食べるのが定番!

材料(4人分)

A ┃ 薄力粉 — 125g
　┃ ベーキングパウダー — 小さじ1/4
グラニュー糖 — 90g
卵 — 1個
バター(食塩不使用) — 10g
アーモンド — 45g

準備
○バターは室温にもどす。

1 ボウルに混ぜ合わせたAをふるい入れ、グラニュー糖、溶きほぐした卵、バターを順に加えて、そのつどゴムべらで混ぜ合わせる。粉が混ざり、まとまったらアーモンドを加えて混ぜ合わせる。

2 生地を2等分にし、オーブンシートを敷いた天板にのせ、それぞれ6×4×高さ2cmにする。水でぬらした手で形をととのえ、170℃のオーブンで20分焼く。

3 1.5cm幅に切る。切り口を上にして並べ、再び170℃のオーブンで約10分焼く。

保存:室温で1カ月間
※保存容器にシリカゲルなどの乾燥剤を入れ、密閉する。

オレンジのバターケーキ

オレンジの香りが豊かでさわやかなバターケーキ。材料を混ぜて焼くだけ！
アーモンドパウダーを使うことで、軽い食感に仕上がっておいしい。

材料(直径16cmの花型1台)

A ｜｜ 薄力粉 ― 80g
　｜｜ ベーキングパウダー ― 小さじ1/4
バター(食塩不使用) ― 100g
砂糖 ― 90g
卵 ― 2個
B ｜｜ アーモンドパウダー ― 40g
　｜｜ 牛乳 ― 大さじ1
　｜｜ コアントロー(またはグランマニエ)
　｜｜　― 小さじ2
　｜｜ オレンジピール ― 60g
オレンジ(半月切り) ― 小1個分
粉糖 ― 小さじ2

保存：冷蔵で5日間
※切り分けてラップで1つずつ包み、保存容器に入れる。翌日以降が食べごろ。

準備

○バターと卵は室温にもどす。
○型にバター(食塩不使用・分量外)を塗って薄力粉(分量外)をはたく。余分な粉を落とし、冷蔵庫に入れる。
○Aは混ぜ合わせ、ふるう。

1 ボウルにバターを入れ、泡立て器で練り混ぜてクリーム状にする。砂糖を加えて白っぽくなるまで、すり混ぜる。

2 溶きほぐした卵を少しずつ加え、そのつど混ぜ合わせる。Bを順に加え、そのつどよく混ぜる。Aをふるい入れ、ゴムべらですくい上げるように混ぜる。

3 型に生地を流して平らにならし、台に型ごと打ちつけて空気を抜く。160℃のオーブンで35〜40分焼く。粗熱がとれたら粉糖をふる。オレンジを敷いた器に盛る。

桃のセミフレッド

セミフレッドは「半分冷たい」という意味です。桃を栗の甘露煮に代えてもおいしい。
アーモンドが香ばしさとカリッとした食感のアクセントになっています。

材料(19×8×高さ5cmのガラス容器1台分)
生クリーム ── 1カップ
卵 ── 2個
グラニュー糖 ── 80g
桃 ── 1/2個(正味70g)
レーズン ── 小さじ2
ラム酒 ── 小さじ1
○飾り
アーモンド ── 10個

準備
○レーズンはラム酒に2時間〜一晩つける。
○アーモンドはオーブントースターで1〜2分焼いて砕く。
○容器にクッキングシートを敷く。

1 桃は8mm角に切る。卵は卵黄と卵白を分ける。

2 ボウルに卵黄とグラニュー糖1/3量を入れ、泡立て器で白っぽくなるまで混ぜる。

3 別のボウルに生クリーム、残りのグラニュー糖の半量を入れ、9分立てに泡立てる。

4 別のボウルに卵白を入れて9分立てに泡立て、残りのグラニュー糖を加えて泡立てしっかりツノが立ったメレンゲを作る。

5 **2**と**3**をゴムべらでよく混ぜ合わせ、ラムレーズンを加えて混ぜ合わせる。ゴムべらで**4**のメレンゲを加え、下からすくい上げるように混ぜ合わせる。この生地の半量を容器に流し入れ、桃を加え、残りの生地を重ね入れる。ラップをかけて冷凍庫で3時間以上凍らせる。器に盛り、アーモンドを散らす。

保存：冷凍で1週間　※保存するときは、容器ごと。

レモンのグラニータ

レモンのさわやかな風味が口いっぱいに広がります。シャーベットよりも粒子が粗いのが特徴です。
「凍らせて混ぜる」を2〜3回くり返すだけでシャリシャリとした食感のおいしいグラニータに。

材料(作りやすい分量)
レモン汁 — 1/2カップ
A｜水 — 1 1/2カップ
　｜砂糖 — 100g
○飾り
レモンの皮(すりおろし) — 少量

1 小鍋にAを入れて火にかけ、ひと煮立ちさせる。砂糖が溶けたら火を止めて冷ます。

2 保存容器に、レモン汁と1を入れて混ぜる。冷凍庫で2時間凍らせたら、ざっくりとスプーンでかき混ぜ、再び冷凍庫で2時間凍らせる。器に盛り、レモンの皮を飾る。

保存：冷凍で3週間

> **つくりおきのコツ**
> 早くかためたいときは、表面積の広い容器に薄く広げて。

ジャム2種類

季節のフルーツと砂糖を煮込んで、
フルーツのおいしさをとじ込めたいちごジャムと
オレンジのマーマレードジャム。

いちごジャム

オレンジの
マーマレードジャム

いちごジャム

いちごをまるごと煮ることでフルーツ感がたっぷり。

材料(でき上がり量300㎖)
いちご ― 700g(約3パック)
グラニュー糖 ― 280g(いちごの重量の40%)
レモン汁 ― 20㎖(約1/2個分)

1 いちごを洗って水けをきり、ヘタを取る。

2 鍋にいちごを入れ、グラニュー糖をかけて2時間〜半日おく。
＊長くおいてなじませたほうが、いちごに甘味がしっかり入る。

3 弱火にかけ、グラニュー糖が溶けたら中火で煮る。出てきた泡はすくい、別容器に入れておく。
＊泡はアクだがいちごの風味がしておいしいので、紅茶に入れたり、アイスクリームにかけてもよい。

4 レモン汁を加え、ふつふつとした状態のまま約15分煮る。とろみがついたら火を止め、熱いうちに煮沸消毒したびんに詰めてふたをする。1日室温においた後、冷蔵庫で保存する。

保存：冷蔵で2カ月。ただし、開封後は2週間。

オレンジのマーマレードジャム

皮と果肉を使った、ほどよい苦味が大人の味わいです。

材料(でき上がり量200㎖)
国産オレンジ ― 3個(450g)
グラニュー糖 ― 180g(オレンジの重量の40%)
水 ― 大さじ3

1 鍋にオレンジとかぶるくらいの水を入れて火にかけ、沸騰直前に火を止め、そのまま1〜2分おく。オレンジを取り出して水で洗い、水を張ったボウルに5〜6分つけておく。オレンジの水けをとり、オレンジ2個は皮を縦にむく。

2 1の鍋に、皮とかぶるくらいの水を入れ、やわらかくなるまで約10分煮る。ざるにとり、水に5分ほどさらす。水をとりかえてさらし、軽く絞って5㎜角に刻む。

3 別の鍋に果肉を入れてグラニュー糖をかけ、木べらで粗くつぶし、全体をなじませる。

4 2の皮を3に加えて混ぜ合わせる。分量の水を加えて火にかけ、アクを取りながら15〜20分煮る。とろみがついたら火を止め、熱いうちに煮沸消毒したびんに詰めてふたをする。1日室温においた後、冷蔵庫で保存する。

保存：冷蔵で2カ月。ただし、開封後は2週間。

いちじくの
コンポート

ドライプルーンの
コンポート

コンポート2種類

コンポートには、ドライフルーツもフレッシュなフルーツもどちらも向いています。
ヨーグルトやアイスに添えてもおいしい。
塩けの強いチーズに合わせてワインのおつまみとしてもおすすめ。

いちじくのコンポート

スパイスを合わせないシンプルなレシピで、すっきりとした甘さに。

材料(4人分)

いちじく — 4個(250g)
水 — 1 1/4 カップ
グラニュー糖 — 140g
白ワイン — 2/3 カップ
レモン — 1cm厚さ1枚分

> **つくりおきのコツ**
> 保存容器に入れた後は、いちじくがコンポート液に完全に浸るようにするとよい。

1 いちじくは皮をむく。

2 鍋に分量の水とグラニュー糖を入れて火にかける。グラニュー糖が溶けたら白ワイン、レモンを加えてひと煮立ちさせ、火を弱める。いちじくを加えて、約2分煮たら火を止め、粗熱をとる。

3 器に盛り、切り分けたレモン、ミント適量(分量外)を飾る。

保存:冷蔵で1週間　※2時間後以降が食べごろ。

ドライプルーンのコンポート

いつでも手に入るドライフルーツだから、作りやすいのがうれしい。

材料(4人分)

ドライプルーン — 125g(約12個)
水 — 1/2 カップ
赤ワイン — 1/4 カップ
シナモンスティック — 5cm

> **つくりおきのコツ**
> 保存容器に入れた後は、ドライプルーンにときどきコンポート液をかけるとよい。

1 ドライプルーンをさっと水で洗う。

2 鍋にドライプルーン、分量の水を入れて約1時間おく。赤ワインを加えて火にかけ、煮汁が半分になるまで約15分煮る。シナモンスティックを加えて火を止め、粗熱をとる。

3 器に盛り、アイスクリーム適量(分量外)を添え、シナモンスティック適量(分量外)を飾る。

保存:冷蔵で10日間　※5時間後以降が食べごろ。

大島節子

イゾラーラ・イタリア料理教室主宰。イタリアAISO認定オリーブオイルソムリエ。イタリアの芸術や文化に関心があったことからイタリア郷土料理に興味を持つ。上野万梨子氏に師事し、フランス料理の基礎を学んだ後、イタリア料理研究家米原ゆり氏に師事。2007年イタリア・ルッカ料理学院に短期留学、地方料理コースを修了。2010年イタリア・スローフード・イタルクックにてマスターコースディプロマを取得。現在はカルチャースクール講師、企業や飲食店へのレシピ提供も行っている。日本の風土や生活に合った健康的なイタリア料理を探求している。

STAFF

撮影／原ヒデトシ
スタイリング／八木佳奈
デザイン／武田紗和（フレーズ）
編集／平山祐子

スタイリング協力／UTUWA

つくりおきイタリアン

2016年10月30日　初版発行
2018年 7月20日　2刷発行

著者　　大島節子
発行者　小野寺優
発行所　株式会社河出書房新社
　　　　〒151-0051　東京都渋谷区千駄ヶ谷2-32-2
　　　　電話　03-3404-8611（編集）
　　　　　　　03-3404-1201（営業）
　　　　http://www.kawade.co.jp/
印刷　　図書印刷株式会社
製本　　図書印刷株式会社

Printed in Japan
ISBN978-4-309-28601-3

落丁・乱丁本はお取り替えします。
本書のコピー、スキャン、デジタル化等の無断複製は著作権法上での例外を除き禁じられています。本書は代行業者等の第三者に依頼してスキャンやデジタル化することは、いかなる場合も著作権法違反となります。

本書の内容に関するお問い合わせは、お手紙かメール（jitsuyou@kawade.co.jp）にて承ります。恐縮ですが、お電話でのお問い合わせはご遠慮くださいますようお願いいたします。